Daniela Beisel

Frauen Predigten

Daniela Beisel

Frauen Predigten

- von einer Frau, für Frauen, über Frauen -

Fromm Verlag

Impressum / Imprint
Bibliografische Information der Deutschen Nationalbibliothek: Die Deutsche Nationalbibliothek verzeichnet diese Publikation in der Deutschen Nationalbibliografie; detaillierte bibliografische Daten sind im Internet über http://dnb.d-nb.de abrufbar.

Bibliographic information published by the Deutsche Nationalbibliothek: The Deutsche Nationalbibliothek lists this publication in the Deutsche Nationalbibliografie; detailed bibliographic data are available in the Internet at http://dnb.d-nb.de.

Coverbild / Cover image: www.ingimage.com

Verlag / Publisher:
Fromm Verlag
ist ein Imprint der / is a trademark of
OmniScriptum GmbH & Co. KG
Heinrich-Böcking-Str. 6-8, 66121 Saarbrücken, Deutschland / Germany
Email: info@frommverlag.de

Herstellung: siehe letzte Seite /
Printed at: see last page
ISBN: 978-3-8416-0513-9

Inhalt

Maria, die vertrauende Frau

Maria, die Mutter von Jesus ist faszinierend vielschichtig. Ich möchte heute versuchen einige Aspekte ihrer Persönlichkeit zu beleuchten:

Wer ist diese Frau?

1. Wie ist ihre Beziehung zu Josef?

2. Wie ist ihre Beziehung zu Gott?

3. Wie steht sie zu ihrer Berufung?

4. Wie ist ihre Beziehung zu Jesus?

Betrachten wir zuerst Marias Beziehung zu Josef:

Maria lebt in einer Gesellschaft in der es absolut üblich ist, dass Mädchen kurz nach der Geschlechtsreife mit älteren Männern verlobt werden, die in der Lage sind eine Familie wirtschaftlich über Wasser zu halten. Daher ist es für sie nicht ungewöhnlich mit dem älteren Zimmermann Josef verlobt zu sein.

Die Beziehung wird jedoch auf eine harte Probe gestellt, als Maria erfährt, dass sie den Sohn Gottes zur Welt bringen soll. Josef könnte denken, sie sei ihm untreu gewesen. Er könnte sie verlassen. Das wäre in ihrer Situation das gesellschaftliche Aus. Aber, und hier sind sich Josef und Maria sehr ähnlich, in einem grenzenlosen Gottvertrauen nimmt Josef Maria an, als ihm der Engel erklärt, um was es geht. Josef liebt Gott und aus dieser Liebe wächst ein grenzenloses Vertrauen, dass Gott alles gut werden lässt.

Vermutlich ist es nicht zuletzt dieser Beistand, den Maria durch Josef während dieser außergewöhnlichen Schwangerschaft erfährt, der diese Beziehung zu einer stabilen und tragfähigen Partnerschaft macht. Jesus bleibt kein Einzelkind (Mt. 13, 55). Die Eltern bieten ihm und den Geschwistern ein intaktes Zuhause.

Maria wird durch eine weitere wichtige Beziehung durch das Leben getragen, ihre Beziehung zu Gott.

Wenn man Lk. 1 liest, ist man überrascht: Ist das nicht merkwürdig, Maria ist nicht erschrocken oder überrascht über das Erscheinen des Engels, lediglich seine Begrüßung lässt sie stutzen. Maria ist so tief verwurzelt in ihrem Glauben an einen allmächtigen Gott, dass seine Engel sie nicht aus der Fassung bringen.

Was sie aus der Fassung bringt, ist die Tatsache, dass sie, eine „Magd des Herrn“ (Lk. 1, 38) diejenige ist, die Gott ausgewählt hat um seinen Sohn zur Welt zu bringen.

Aber Marias Glaube ist so tief, dass sie Gottes Entscheidung annimmt. Sie ist so voller Vertrauen zu ihrem Schöpfer, dass sie nicht die Fragen stellt, die sich aufdrängen. Sie stellt sich Gott und seinem Plan bedingungslos zur Verfügung.

„Maria aber sprach: Siehe ich bin des Herrn Magd; mir geschehe wie du gesagt hast.“

Sie hat nicht gefragt: “Was soll Josef denken? Was werden die Leute sagen, wenn sie sehen, dass ich schwanger bin? Ist das nicht eine Schande?" Fragen, die man ihr in dieser Situation nicht einmal hätte verübeln können. Maria stellte sie nicht.

Sie stellte ihre Berufung Gottes Sohn zur Welt zu bringen nicht eine Sekunde in Frage.

In dem Lobgesang, wird deutlich, dass Maria Gott kennt, ihn liebt, ihm vertraut und seinen Namen ehrt.

46Und Maria sprach: Meine Seele erhebt den Herrn, 47 und mein Geist freut sich Gottes, meines Heilandes; 48 denn er hat die Niedrigkeit seiner Magd angesehen. Siehe, von nun an werden mich selig preisen alle Kindeskinder. 49 Denn er hat große Dinge an mir getan, der da mächtig ist und dessen Name heilig ist.

Nach der Beziehung Marias zu Josef und Gott wollen wir nun die Beziehung Marias zu Jesus beleuchten:

Keine andere Beziehung von Maria war so einem Wandel unterworfen, wie ihre Beziehung zu ihrem erstgeborenen Sohn Jesus.

Obwohl sich Maria jede Begebenheit aus Jesu Kindheit und Jugend gut merkt, wie uns Lukas berichtet, sieht Maria im Alltagsleben wohl einfach den Sohn in ihm. Es gilt ihn zu erziehen und für das Leben vorzubereiten.

Maria übt ihre Obhutspflichten aus, wie sie bei ihren anderen Kindern auch tut. Die Erziehung Jesu unterscheidet sich nicht von der seiner Geschwister.

So heißt es in Lk. 2, 48, 49: *48 Und als sie ihn sahen, entsetzten sie sich. Und seine Mutter sprach zu ihm: Mein Sohn, warum hast du uns das getan?*

Siehe, dein Vater und ich haben dich mit Schmerzen gesucht. 49 Und er sprach zu ihnen: Warum habt ihr mich gesucht? Wisst ihr nicht, dass ich sein muss in dem, was meines Vaters ist?

Jesus trat mit Beginn seines Erwachsenseins, wie damals üblich, in die Fußstapfen seines Vaters und wurde Zimmermann. So weit war die Entwicklung immer noch normal.

Jesu öffentliches Wirken begann mit seiner Taufe durch Johannes.

Kurz nach seiner Taufe war Jesus mit seinen Freunden zu einer Hochzeit eingeladen. Johannes berichtet uns davon (s. Kap. 2, 1-12), die Hochzeit von Kana. Anlässlich dieses ersten Zeichens der Besonderheit Jesu, beginnt sich die Beziehung von Maria zu ihrem Sohn zu verändern. Maria begreift noch nicht, was genau da vorgeht, aber sie versteht, dass es etwas Besonderes ist, deshalb sagt sie zu den Dienern des Festes: „Was er euch sagt, das tut."

Dennoch unternimmt sie zusammen mit Jesu Geschwistern einen Versuch Jesus von seinem Tun abzuhalten, als sie gewahr wird, dass sich eine Opposition gegen Jesus formiert.

19 Es kamen aber seine Mutter und seine Brüder zu ihm und konnten wegen
der Menge nicht zu ihm gelangen. 20 Da wurde ihm gesagt: Deine Mutter und
deine Brüder stehen draußen und wollen dich sehen. 21 Er aber antwortete
und sprach zu ihnen: Meine Mutter und meine Brüder sind diese, die Gottes
Wort hören und tun. (Lk. 8, 19-21)

Aus der Situation wird klar, dass Maria und ihre anderen Kinder nicht gekommen sind, um sich unter die Schar der Zuhörer zu mischen, sondern um eine Unterredung mit Jesus zu führen.

Hier wird deutlich, dass Maria in Jesus immer noch das leibliche Kind sieht und sich sein er göttlichen Natur nicht immer bewusst ist.

Dieses Faktes wird sie sich erst bewusst, als sie mit den Jüngern ihres Sohnes am Kreuz steht, und erleben muss, wie das Kind, das sie geboren hatte einen qualvollen Tod sterben muss.

Letztendlich überzeugt, dass Jesus, ihr Kind, wirklich Gottes Sohn war, wurde Maria durch die Auferstehung. Jesus musste auferstehen, damit Maria in der Lage war zu verstehen, dass Jesus als Mensch, von ihr geboren lebte, aber trotzdem Gottes Sohn war.

Man geht heute davon aus, dass Maria Christin wurde und zu den Säulen der ersten christliche Gemeinde wurde. Leider berichtet uns die Bibel nichts darüber

Ich fasse zusammen:

Maria lebte im Glauben und Vertrauen auf Gott. Sie nimmt Gottes Entscheidung seinem Sohn das Leben zu schenken bedingungslos an. Dennoch ist sie Mutter. Sie sorgt für Jesus, wie für jedes andere Kind. Sie lässt ihm keine Sonderbehandlung angedeihen. Sie trägt das Auserwähltsein auch nicht zur Schau. Und dies, obgleich sie sich an einige Begebenheiten erinnert, die schon darauf hindeuten, dass Jesus eben nicht ein gewöhnlicher Mensch ist.

Dem Wirken Jesu steht sie trotz ihres Wissens zweifelnd gegenüber. Sie glaubt an ihn, wie eine liebende Mutter an ihr Kind glaubt. Aber seine Identität als Sohn Gottes wird auch ihr erst durch die Auferstehung in all seiner Kraft offenbar.

Was können wir von Maria lernen?

1. Sie hat einen tiefen, echten Glauben, der ihr erlaubt, zu ihrem Schicksal nicht nur „ja sondern auch noch danke zu sagen."

2. Dieser Glaube basiert darauf, dass Maria die feste Überzeugung hat, selbst ein Kind dieses allmächtigen Gottes zu sein. Und dieser Gott ist ein guter Gott.

3. Maria ist mit Herz und Verstand überzeugt, dass Gott ein liebender und mächtiger Gott ist. Diese Überzeugung ist die Basis für die bedingungslose Annahme der „Wunder", die jungfräuliche Empfängnis, die Engel.

4. Maria fühlt sich durch Gottes Entscheidung, sie zur Mutter seines Sohnes zu machen geehrt. Sie nimmt diese Entscheidung Gottes in Demut an.

5. Maria hat die unendliche Gnade erfahren, die Mutter Jesu sein zu dürfen und hat das unendliche Leid ertragen ihn gefoltert zu sehen.

All das kann man zusammenfassen in dem einen Satz:

Maria vertraut ihrem Schöpfer ohne Wenn und Aber und daraus schöpft sie Kraft.

Nach all dem was, ich jetzt über Maria gehört, gelesen und gesagt habe, frage ich mich, wie hätte ich reagiert? Ist mein Glaube so bedingungslos fest, dass ich nicht beim Anblick eines leibhaftigen Engels in Ohnmacht gekippt wäre. Wäre ich wirklich in der Lage gewesen, „Ja“ geschweige denn „Danke“ zu sagen? Ich glaube es ist an der Zeit kleinlaut zuzugeben, dass ich den Engel schon gefragt hätte ob er sich nicht eine andere Leihmutter suchen kann.

Ich frage mich, ob wir in der Lage sind, wenn wir auch fest an Gott glauben, dies so vollends mit dem Herzen zu tun, dass Wunder für uns kein Problem wären. Wunder, davon bin ich überzeugt, kann man nur mit dem Herzensglauben erfassen. Wunder übersteigen unseren Verstand. Und obwohl Glaube ja gerade Nichtwissen bedeutet, verwalten wir unseren Glauben fast ausschließlich mit dem Verstand. Ich denke, das ist ein Preis den wir für unser verstandesgeprägtes Leben zahlen. Leider habe ich nicht den Funken einer Idee, wie wir es heute schaffen können unsre Herzensglauben wieder so hochzupäppeln, dass uns die Erscheinung eines Engels nicht aus den Latschen haut. Dass wir heute keine „richtigen“ Wunder mehr erleben ist möglicherweise ein Fingerzeig Gottes, dass unsrem Glauben ein Stück abgebrochen ist. Das möchte ich lernen, so zu glauben, dass Wunder in meinem Leben wieder möglich werden. Nicht die Wunder, die wir zwar als solche bezeichnen, die aber auch anders erklärbar sind, sondern Gottes Wunder. Das Maria, möchte ich von dir lernen.

Salomé, ehrgeizige Mutter

Die beiden hier genannten Jünger Jakobus und Johannes, die Söhne des Zebedäus gehören wohl zu den ersten Jüngern Jesu. Alle vier Evangelisten kennen ihre Namen. Vermutlich waren sie Fischer, denn Markus erzählt uns, dass sie im Boot saßen und Netze flickten als Jesu Ruf sie erreichte. Sie ließen alles zurück, ihren Vater, die Tagelöhner, das ganze Fischereigeschäft, um Jesus zu folgen. Als Jünger der ersten Stunde waren die beiden Jesus wohl sehr nahe. Das können wir daraus schließen, dass Jesus die beiden, sowie Petrus mitnimmt in Garten Gethsemane am Vorabend seiner Verhaftung. Doch um die beiden Brüder soll es heute nicht vorrangig gehen. Ich möchte meinen Blick ihrer Mutter zuwenden, Salomé. Sie steht der Jesusbewegung offensichtlich positiv gegenüber. Sie ist stolz auf ihre Söhne, die den Mut hatten Jesus zu folgen, alles zurück zu lassen und die Jesus nun so nahe stehen. Vielleicht ist auch Bisschen Bangigkeit in ihrem Herzen, weil sie sich nicht vorstellen kann, wie Jakobus und Johannes ihren Lebensunterhalt verdienen sollen, dort bei Jesus, weitab der erlernten Fischerei. Also macht sich Salomé auf zu Jesus und seinen Jüngern. Sie will sich versichern, dass es ihren beiden Jungs gut geht.

Was sie sieht, als sie Jesus und die Jünger trifft, erfreut ihr Mutterherz. Ihre Söhne stehen dem Meister nahe und es geht ihnen gut.

Sie hat Vertrauen in diesen Jesus, denn sie geht einfach auf ihn zu und äußert eine eigentlich unerhörte Bitte: „Lass diese meine beiden Söhne sitzen in deinem Reich, einen zu deiner Rechten und den andern zu deiner Linken.“

Oha, da ist in Salomé ganz deutlich erkennbar mütterlicher Ehrgeiz erwacht. Wenn Ihre Söhne schon so ein Vertrauensverhältnis zu Jesus haben, dann möchte sie ihre Lieben ganz oben sehen. Vermutlich geht Salomé, wie viele ihrer Zeitgenossen davon aus, dass Jesus ein Land regieren wird, dass die römischen Besatzungsmächte von Jesus vertrieben werden und Jesus ein Herrscher Israels auf Erden wird. Wären Jakobus und Johannes dann an seiner Seite, würde dies Macht und Einfluss auch für sie bedeuten. Die komplexen Gedankengänge, die Salomé zu ihrer Bitte bewogen haben mögen, sind schwer nachzuvollziehen. Das Grundmotiv aber dürften die meisten Eltern nachvollziehen können. Man wünscht sich für den Nachwuchs nur das Beste, hofft dass es die Kinder weit bringen und einen gewissen Einfluss haben mögen. Und gerade Müttern im Verhältnis zu ihren Söhnen, wird dies ja besonders nachgesagt. Wie Matthäus uns hier erzählt ist Salomé das Fortkommen ihrer Söhne so wichtig, dass sie glaubt, nur sie selbst könne entsprechend auf Jesus einwirken. Ich kann mir nicht vorstellen, dass diese ambitionierte Mutter im Kalkül hatte, was dann kommt: Sie erhält eine richtige Abfuhr, umgangssprachlich würde man sagen, sie bekommt eine Klatsche: „Meinen Kelch werdet ihr zwar trinken, aber das Sitzen zu meiner Rechten und Linken zu geben steht mir nicht zu. Das wird denen zuteil, für die es bestimmt ist von meinem Vater."

Meinen Kelch werdet ihr trinken, das bedeutet bei genauem Hinsehen nichts anderes, als dass Jakobus und Johannes um ihres Glaubens willen den Tod finden werden. Das ist es sicher nicht, was Salomé sich von Jesus erhofft hatte. Das hatte sie sich anders vorgestellt.

Außerdem stellt Jesus unmissverständlich klar, dass die Positionen im Reich Gottes von Gottvater und niemandem sonst vergeben werden. Damit wird Salomés ehrgeiziges Anliegen klar zurück und Salomé in ihre Schranken gewiesen.

Ich kann gut verstehen, wenn Salomé nach dieser Abfuhr erst einmal trocken geschluckt hat. Sie wollte schließlich nur das Beste für ihre beiden Kinder, das ist so gut nachvollziehbar. Es ist schön zu sehen, wenn Mütter ihre Kinder fördern, ihnen alles ermöglichen um sie zu gut ausgebildeten Menschen zu erziehen. Aber auch diese Medaille hat eine Kehrseite, die dort beginnt, wo Mütter ihren Kindern keinen Freiraum mehr geben, wo Mütter versuchen eigene, nie erreichte Lebensziele im Kind zu verwirklichen. Wenn Mütter sich aufopfern für ihre Kinder und im Gegenzug immerwährende Dankbarkeit erwarten, dann überschreiten sie Grenzen, dann werden sie zu einer Belastung für ihre Kinder. Das geschieht auch Salomé, denn der Text geht weiter: „Als die Zehn das hörten, wurden sie unwillig über die Brüder." Mit ihrer ehrgeizigen Forderung an Jesus hat Salomé ihre Söhne bei den anderen Jüngern in Misskredit gebracht. Mit dem schlechten Gewissen, ihren Kindern Schwierigkeiten gemacht zu haben muss Salomé nun leben. Möglicherweise bewirkt es in ihr ein Umdenken. Vielleicht verhilft es ihr zu der Erkenntnis, dass sie ihren Kindern zwar Liebe und Aufmerksamkeit widmen kann, dass die beiden ihr Leben aber selbst leben müssen und dass deren Rolle nicht die der Sinnstifter für die Mutter sein kann. Salomé wird erkennen müssen, dass sie ihr Leben lebenswert gestalten und leben muss, und dass es nicht möglich ist in Leistungen und Erfolgen der Kinder die eigene Erfüllung zu suchen.

Nicht umsonst hat der Spruch: „Wenn Kinder klein sind, gib ihnen Wurzeln, wenn sie groß sind gib ihnen Flügel" einen so hohen Bekanntheitsgrad.

Kinder wollen losgelassen werden, wollen ihren eigenen Weg gehen. Mütter können und dürfen nur begleiten nicht festhalten. Und Mütter müssen vor allem auch akzeptieren, dass Kinder möglicherweise ganz anders sind, als man sie sich gewünscht hat, dass sie andere Fähigkeiten und Neigungen haben. In jedem Fall sind sie großartige Individuen mit einem ganz individuellen Lebensweg.

Nur wenn Mütter dies akzeptieren und für sich annehmen, können auch sie wieder ihren eigenen Weg finden. So wie Salomé: Die Jesusbewegung an die sie glaubte, hatte unter machtpolitischen Gesichtspunkten gar keinen Erfolg. Jesus wird von den Römern hingerichtet. Ihre Söhne sterben den Märtyrertod, sie sterben für ihren Glauben. Und Salomé, sie findet ihren Weg, zunächst unter das Kreuz, aber dann auch an Jesu Grab und sie gehört zu den ersten, die die Auferstehung wahrnehmen. Sie wird zu einer der Ersten, die die Osterbotschaft aufnehmen und verbreiten und die erkennen: Der Tod hat nicht das letzte Wort.

Die kanaanäische Frau

Bevor ich mit meiner Familie in Urlaub gefahren bin, habe ich die öffentliche Diskussion um einen pränatalen Test verfolgt, der es nunmehr ohne Fruchtwasseruntersuchung möglich macht, genetische Abweichungen beim ungeborenen Kind zu entdecken und gegebenenfalls einen Schwangerschaftsabbruch einzuleiten. Der Test, für das Ungeborene viel ungefährlicher als eine Fruchtwasseruntersuchung, stand vielfach in der Kritik. Die Skeptiker argumentierten, dass es nun den Müttern viel zu leicht gemacht werde, zu selektieren und das Leben eines behinderten Kindes zu verhindern.

Diese kontroverse Diskussion ist mir wieder eingefallen, als ich den Text über die kanaanäische Mutter gelesen habe.

Sie hat ein behindertes Kind, eine Tochter. Für diese Frau ist es selbstverständlich mit dem behinderten, offensichtlich von Krampfanfällen geplagten Mädchen zu leben. Sie hatte keine andere Wahl. Eine vorgeburtliche Diagnostik gab es noch nicht. Heute haben es Mütter meines Erachtens noch ungleich schwerer. Entscheiden sich Eltern trotz der pränatalen Diagnose für ein behindertes Kind, sehen sie sich nicht selten mit kopfschüttelndem Unverständnis konfrontiert: Musste dieses Kind trotz der Behinderung zur Welt kommen, war das nötig? Eine absurde Situation ist das. Eine Mutter schenkt Leben und gerät in den Zwang sich zu rechtfertigen, weil dieses Leben möglicherweise anders ist, als unsere auf Erfolg und Leistung getrimmte Gesellschaft es erwartet. Diese Mutter wird es schwer haben und oft statt Unterstützung Vorwürfe erhalten. Dabei brauchen gerade Mütter beeinträchtigter Kinder die volle Unterstützung, denn sie erleben nicht den natürlichen Ablauf des Geboren- und Erwachsenwerdens mit dem damit verbundenen Abnabelungsprozess des Sprösslings, vielmehr ist ihr Leben immer überschattet von der Frage was aus dem Kind werden soll, wenn die Mutter eines Tages zu alt wird, es zu umsorgen und zu pflegen oder gar stirbt.

Mütter kranker und behinderter Kinder tragen eine ganz besondere Last, abseits der üblichen Sorgen um schulischen Werdegang und späteren beruflichen Erfolg der Kinder. Sie sind stets getragen von der Sorge um das Wohl dieses schwachen, verletzlichen Menschenkindes, noch viel mehr als Mütter gesunder Kinder dies sind. Immer sind sie gefordert mit der Pflege und Versorgung ihres Kindes. Das strengt an und kostet Kraft. Das Leben mit einem kranken Kind ist ein besonderer Umstand, wie mir eine Bekannte versicherte, deren herzkranker ältester Sohn mittlerweile leider verstorben ist. Nicht zuletzt deshalb, weil die Mitmenschen irgendwann die Geduld verlieren. Sie wollen die Sorgen und Nöte nicht mehr teilen. Sie haben gesunde Kinder, die wachsen und gedeihen, ihnen fehlt das Verständnis dafür, dass die Mutter einen kranken, behinderten Kindes über jeden noch so winzigen Fortschritt tagelang in epischer Breite sprechen und erzählen könnte. Dann kommt da noch die Unzufriedenheit, ja zuweilen die Aggression gegen die Situation, manchmal auch gegen das eigene Kind dazu, die Frage, die man sich nie auszusprechen trauen würde: Warum mein Kind, warum ich?

Wir halten fest, das Leben mit einem kranken oder behinderten Kind kostet unendlich viel mehr Kraft, als die kleinen und großen Sorgen und Nöte mit gesunden, munteren Sprösslingen.

Und an dieser Stelle kommen wir nun zu der kanaanäischen Frau in unserem heutigen Text, denn ich bin davon überzeugt, dass sich das Schicksal sehr viel leichter tragen lässt mit einem starken Glauben und einer großen Portion Gottvertrauen.

Sehen wir uns die Frau an. Sie ist so verzweifelt über die Krankheit ihrer Tochter, dass sie sich nicht zu schade ist, schreiend hinter Jesus her zu laufen. Sie ist so laut und auffallend, dass es den Jüngern geradezu peinlich ist. Diese bitten Jesus, er solle dieses Theater doch abstellen, indem er die Frau zufrieden stelle. Aber Jesus reagiert so gar nicht wie wir erwartet hätten, er watscht die Frau regelrecht ab: "Ich bin nur gesandt zu den verlorenen Schafen des Hauses Israel. ... Es ist nicht recht, dass man den Kindern ihr Brot nehme und werfe es vor die Hunde." Mit dieser Frau aus Kanaan will er ganz offensichtlich nicht zu tun haben. Wäre der Glaube in Jesus und seine Fähigkeiten nicht so groß gewesen, die Frau hätte nach dieser Zurückweisung tränenüberströmt den Rückzug antreten müssen. Aber aus der schroffen Zurückweisung erwächst ihr eine nicht vermutete Stärke. Gestärkt durch den Glauben, dass Jesus auch ihrer Tochter helfen kann, greift sie die schmachvolle Bemerkung auf und retourniert geschickt: „Ja, Herr; aber doch fressen die Hunde von den Brosamen, die vom Tisch ihrer Herren fallen." Ich kann es förmlich vor mir sehen, wie sich in diesem Moment ihre Schultern straffen, sie eine aufrechte, kämpferische Gestalt annimmt.

Sie will nichts unversucht lassen, für ihre Tochter Heilung zu erlangen. Zu schwer und kraftraubend ist die Krankheit der Tochter, nicht nur für das Kind, sondern auch für sie. Die kleine Hoffnung auf Heilung durch diesen Jesus von Nazareth, lässt sie stark werden. Die Antwort, die sie Jesus gibt nötigt mir Respekt ab.

Auch Jesus, der mir, nebenbei bemerkt, in diesem Text sehr fremd ist, gar nicht der sanftmütige, nächstenliebende Mann, den wir zu kennen glauben, muss diese Veränderung, den Kampfeswillen und Mut dieser verzweifelten Mutter gespürt haben. Er muss gefühlt haben wie viel großer, unzerbrechlicher Glaube in dieser Frau steckt. Eigentlich bleibt ihm nur die Reaktion, die wir dann auch tatsächlich lesen können: „Frau, dein Glaube ist groß. Dir geschehe, wie du willst!“ Und die Tochter wurde gesund.

Ich denke auch Jesus hat, ganz Mensch, in dieser Situation einiges dazu gelernt. Spätestens jetzt war klar, dass er eben nicht nur zu den „verlorenen Schafen des Hauses Israel“ gesandt war, sondern dass allen Menschenkinder Empfänger der Guten Nachricht Gottes sein sollen.

Doch zurück zu unserer kanaanäischen Frau: Ich bin überzeugt, ihr Glaube hat sie so stark gemacht. Der Glaube daran, dass ihr Kind leben soll, dass es gesund werden kann, und dass es da einen gibt, der dies bewerkstelligen kann. Dabei bin ich mir sicher, dass der Glaube dieser Frau eher diffus als klar umrissen war, dass sie Jesus gar nicht konkret einordnen konnte, dass sie nur tief im Innern gefühlt hat, dass er es ist, dem sie sich anvertrauen muss.

Die Freude der Frau nach der Heilung vermögen wir nicht nachzuvollziehen. Ihren Weg zur Heilung indes können wir uns zum Vorbild nehmen, Gottvertrauen, Mut und Standhaftigkeit.

Denn eines ist gewiss, dass eine Leben ist bei Gott nicht weniger wert als das andere, Gott gibt jedem Leben einen Sinn.

Elisabeth- ältere Mama

da denken wir die älteren Mütter wären eine Erfindung unserer Zeit und früher hätten die Frauen ihre Kinder früher bekommen, dabei erzählt uns die Bibel an verschiedenen Stellen von spätem Mutterglück. Eines ist diesen späten Müttern allen gemeinsam: sie sind gottesfürchtige Frauen, oder wie es in unserer Lutherübersetzung heißt, sie waren fromm vor Gott.

Elisabeth, die Mutter von Johannes dem Täufer, und ihr Mann Zacharias werden genau so beschrieben: als Leute die fromm waren vor Gott. Elisabeth und ihr Mann leben nach den Geboten und Satzungen Gottes, aber Kinder haben sie keine, da Elisabeth, so erzählt es die Bibel, unfruchtbar ist. Beide leiden unter der Kinderlosigkeit und wünschen sich sehnlichst Nachwuchs, sie bitten und beten zu Gott. Als es dann endlich soweit ist, ist Elisabeth über die besten Jahre einer Frau hinaus. Als der Engel Zacharias die Geburt seines Sohnes ankündigt, kann dieser nur schwanken zwischen ungläubigem Staunen und Fassungslosigkeit, so antwortet er dem Engel: „Woran soll ich das erkennen? Denn ich bin alt, und meine Frau ist betagt.“ Über dieses Wunder der späten Schwangerschaft ist Zacharias so zutiefst verunsichert und verwirrt, dass er seine Sprache verliert. Er verstummt. Elisabeth selbst geht mit diesem anderen Umstand souveräner um, sie scheint nicht verwundert, nicht erstaunt, sie gibt dem Kind in sich Raum, indem sie in aller Ruhe und Abgeschiedenheit die späte Schwangerschaft genießt und die Zeit nutzt um ihrem Schöpfer zu danken, der, so ist ihre Lesart, die „Schmach unter den Menschen von (ihr) nimmt.“ Für Elisabeth, die in bedingungslosem Glauben an ihrem Gott hängt, war die Kinderlosigkeit ein Fingerzeig Gottes, für den sie keine Erklärung hatte, den sie aber als Schande empfand, wie es in dieser Zeit durchaus üblich war. Dennoch hat dieses Schicksal ihrem Glauben keinen Abbruch getan. Sie hielt weiter in unverbrüchlicher Treue zu ihrem Gott. Umso größer muss ihre Erleichterung gewesen sein, als sie feststellen durfte, dass die Unfruchtbarkeit keine Reaktion Gottes auf eine wie auch immer geartete Verfehlung ihrerseits war. Im Gegenteil in ihrer Schwangerschaft manifestiert sich der Wahrheitsgehalt einer weiteren Ankündigung: Maria, eine Verwandte Elisabeths, soll ebenfalls ein Kind erwarten, Jesus.

Doch der Reihe nach: Zunächst zieht sich die schwangere Elisabeth zurück, um in der Stille die neue Situation zu bedenken, zu beten und Gott zu denken. Während dieser Zeit erscheint der Engel Maria um ihr die bevorstehende Geburt Jesu zu verkünden. Maria ist nicht weniger erstaunt als Elisabeth, wenngleich aus einem anderen Grund. Während Elisabeth in

Anbetracht ihres Alters nicht mehr mit einem Kind rechnen durfte, ist sich Maria ziemlich sicher, dass sie sozusagen keinen biologischen Vater für das Kind hat, sie ist noch Jungfrau.

Als Beweis dafür, dass bei Gott nichts unmöglich ist, führt Gabriel die Mutterschaft Elisabeths an: „Und siehe, Elisabeth, deine Verwandte, ist auch schwanger mit einem Sohn, in ihrem Alter, und ist jetzt im sechsten Monat, von der man sagt, dass sie unfruchtbar sei. Denn bei Gott ist kein Ding unmöglich."

Und so macht sich Maria auf, ihre ältere Verwandte zu besuchen und wird im Hause des Zacharias gastfreundlich empfangen. Nach fünf Monaten des Verborgenseins und Stillehaltens empfängt Elisabeth Maria und freut sich sie zu sehen. Als Elisabeth Maria begrüßt „hüpft das Kind in ihrem Leibe" und sie wird erfüllt von der Gewissheit, dass hier gerade etwas Großes geschieht. Elisabeth teilt sich Maria auch sofort mit: „Und wie geschieht mir das, dass die Mutter meines Herrn zu mir kommt? Denn siehe, als ich die Stimme deines Grußes hörte, hüpfte das Kind vor Freude in meinem Leibe." In diesem Moment muss sie gewusst haben, dass ihr eigenes Kind im Leben des Kindes ihrer Verwandten Maria eine wichtige Rolle spielen wird. Es ist schwer nachzuvollziehen, welche Gedanken Elisabeth durch den Kopf gegangen sein mögen: Zunächst das lange Warten auf das ersehnte Wunschkind, dann die erträumte Erfüllung dieses innigen Wunsches und nun das Signal, dass das Leben des eigenen Kindes untrennbar verknüpft sein wird mit dem lange vorhergesagten Messias. Elisabeth erlangt eine Sicherheit in der Interpretation der Dinge, die staunen lässt. Mit der Abgeklärtheit der erfahrenen Frau verlässt sie sich vollständig auf ihre Intuition, als sie Maria als die Mutter ihres Herrn begrüßt. Das finde ich atemberaubend. Für Maria ist sie damit sicher eine wichtige Stütze auf dem Weg durch die schwere Zeit als junge, schwangere Frau, die zunächst keinen Vater für ihr Kind vorweisen kann. Trotz der fortschreitenden Schwangerschaft der Elisabeth kann Maria mehrere Wochen deren Gastfreundschaft genießen. Sicher erfährt Maria während dieses Besuches viel Zuspruch durch die Ältere und kann gestärkt an Leib und Seele und vielleicht auch gelassener der eigenen Niederkunft am Ende dieser doch außergewöhnlichen anderen Umstände entgegen sehen.

Ähnlich souverän geht Elisabeth mit der Frage der Namensgebung für ihren Sprössling um. Entgegen aller Konventionen der damaligen Zeit, entschließt sie sich ihrem Sohn nicht den Namen seines Vaters, Zacharias, zu geben sondern den Namen Johannes zu wählen, der so viel bedeutet wie „Jahwe ist gnädig". Für Elisabeth ist diese Namenswahl nur logisch, denn in diesem Sohn hat sie die Gnade des großen Gottes erleben dürfen und hat sie von nun an täglich vor Augen. Wie weise die Entscheidung der Mutter war im Namen des Sohnes Gott zu loben, sehen wir, wenn wir uns ansehen, was geschieht als der stumme Zacharias die Wahl des Namens Johannes auf einer Tafel schriftlich bestätigt. Zacharias findet seine Sprache wieder und nutzt die wiedergewonnene Fähigkeit um Gott zu loben und zu danken.

So hat Elisabeth nun doch den Lohn für ihren unerschütterlichen Glauben an Gott erhalten, sie erfährt spätes Mutterglück und der verstummte Mann ist wieder in der Lage mit seiner Stimme Gott zu danken. Elisabeth kann uns Vorbild sein im Glauben, denn sie hat durch die harte Prüfung der Kinderlosigkeit unbeugsam zum Glauben an ihren Gott gestanden. Sie durfte erleben, was ihr mit ihrem Namen in die Wiege gelegt worden war, ihr Name nämlich bedeutet „Mein Gott ist Fülle und Vollkommenheit." Mögen wir in alljährlich in der Weihnachtszeit genau dieses auch verspüren: In Gott ist Fülle.

Hanna - erstaunlich

Die Geschichte von Hanna umfasst das ganze erste Kapitel des ersten Buches Samuel, dort können Sie das auch nochmal nachlesen. Nun möchte ich Ihnen die Ereignisse aber kurz in meinen eigenen Worten schildern:

Hanna ist verheiratet mit Elkana, der wie es in seiner gesellschaftlichen Umgebung nicht unüblich war, mit einer weiteren Frau verheiratet ist, Peninna.

Hanna wünscht sich nichts sehnlicher als ein Kind. Dieser Wunsch wird ihr lange Zeit versagt. Anders der zweiten Frau von Elkana, sie schenkte ihm Nachwuchs. Dies war auch der Grund, weshalb sie sich Hanna überlegen fühlte.

Dennoch liebte und schätzte Elkana seine Hanna. Das konnte aber nicht verhindern, dass sie immer trauriger wurde und nicht mehr essen mochte. Heute würde man wohl eine Depression diagnostizieren. Doch plötzlich erkannte Hanna wer ihr helfen könnte, und sie eilte in den Tempel und betete inbrünstig für eine lange Zeit. Sie weinte und schüttete ihr Herz vor Gott aus. Um ihrem inständigen Bitten Nachdruck zu verleihen gelobte sie Gott, sollte sie einen Sohn gebären, diesen im Tempel erziehen zu lassen, sobald er nicht mehr gestillt werden müsse.

Der Eli, der im Tempel Dienst tat, glaubte die betende Frau sei betrunken, so sehr wurde sie von ihren Gefühlen gepackt. Als ihm Hanna aber erklärte, dass sie lediglich so bekümmert sei, dass sie unablässig gebetet habe, segnete sie der Eli und sie ging nach Hause.

Danach waren die Depressionen wie weggeblasen und siehe da Hanna wurde schwanger und bekam einen Sohn. Sie nannte ihn Samuel. Als Hanna ihn nicht mehr stillen musste, brachte sie ihn in den Tempel zu dem Eli, um ihr Gelübde zu erfüllen.

Was können wir von dieser Frau lernen?

Zunächst ist erstaunlich, dass Hanna still erduldet: die Tatsache, dass sie keine Kinder hat, ebenso wie den Hochmut der Peninna. Sie wehrt sich nicht, sie tobt nicht, sie wird nicht kratzbürstig, sie zieht sich traurig in sich selbst zurück und auch der Mann, den sie liebt und der sie liebt, kann sie nicht aus ihrem inneren Rückzug befreien. Eigentlich ein klarer Fall für geschultes, psychologisches Personal. Aber Hanna findet eine andere Lösung, sie vertraut sich Gott an, sie bringt ihren Kummer vor Gott. Und sie bietet Gott ein Versprechen. Ja sie möchte ein Kind, einen Sohn am liebsten, aber sie möchte dem danken, der es ihr vielleicht ermöglicht. Eigentlich ein fairer Deal, möchte man meinen: Gott schenkt Hanna ein Kind und sie gibt es ihm zurück, sobald es alt genug ist, ohne Mutter zu überleben. Trotzdem habe ich bei meiner ersten Begegnung mit dem Text verständnislos den Kopf geschüttelt: wie kann eine Mutter so etwas tun? Ist Hanna eine Rabenmutter?

Doch der Reihe nach. Wir halten also fest: Hanna tut in ihrem grenzenlosen Kummer etwas sehr Kluges, sie vertraut sich mit allem was sie bedrückt ihrem Gott an und legt alles Weitere in seine Hände.

Von Hannas Verhalten dem Eli gegenüber können wir aber noch etwas lernen, nämlich auch dann ruhig zu bleiben, wenn man angegriffen und falsch beschuldigt wird. Der Eli geht Hanna hart an: „Wie lange willst Du noch betrunken sein? Gib den Wein von dir, den Du getrunken hast!"

Stellen Sie sich das mal vor, sie sind zutiefst traurig und irgendjemand unterstellt Ihnen, Sie hätten zu viel getrunken. Ich glaube, ich hätte getobt und diesem bornierten Typ erst einmal gründlich die Meinung gesagt. Natürlich wären danach alle Gesprächsgrundlagen restlos zerstört gewesen, mit dem Segen des Eli hätte ich den Tempel sicher nicht verlassen. Aber was tut Hanna? Sie antwortet völlig ruhig und beherrscht: „Nein, mein Herr! Ich bin eine betrübte Frau; Wein und starkes Getränk hab ich nicht getrunken, sondern mein Herz vor dem HERRN ausgeschüttet.

16 Du wollest deine Magd nicht für eine zuchtlose Frau halten, denn ich hab aus meinem großen Kummer und Herzeleid so lange geredet."

Mit dieser Ruhe und Selbstsicherheit hat sie den Eli entwaffnet. Nur so ist es ihr gelungen, mit dem Segen des Eli zu ziehen und sicher zu sein, wenn sie wieder kommt um ihren Sohn in dessen Obhut zu geben, wird sie mit offenen Armen empfangen und der Eli wird gut für ihren Sohn sorgen.

Da sind wir jetzt doch bei Frage angelangt, ob Hanna eine Rabenmutter ist.

Zunächst müssen wir jedoch klären, dass die Kinder zu Zeiten des Alten Testamentes deutlich länger gestillt wurden als heute. Als Hanna Samuel in den Tempel brachte mochte er zwischen zweieinhalb und drei Jahren alt gewesen sein. Aber dennoch bleibt die Frage weshalb hat Hanna das getan, wie konnte sie diesen kleinen Jungen weggeben. Ich denke Hanna wollte ihren Teil der Vereinbarung unbedingt erfüllen, sie wollte ihr Gelübde keinesfalls brechen, da Gott ihr erfüllt hatte, worum sie so inbrünstig gebetet hatte.

Ich glaube nicht, dass sie Samuel leichten Herzens in den Tempel brachte. Vermutlich quälte sie sich gelegentlich mit dem Gedanken daran, dass die Entscheidung falsch gewesen sein könnte. Manchmal mag sie innerlich mit sich selbst gehadert haben, dass sie Gott ihren Sohn versprach. Aber die Überzeugung, dass Samuel, ihr persönliches Geschenk Gottes im Tempel am besten aufgehoben sei, war stärker als alle Zweifel. Hanna wird die Entwicklung ihres Sohnes auch weiterhin Jahr für Jahr verfolgen: Samuel aber war ein Diener vor dem HERRN, und der Knabe war umgürtet mit einem leinenen Priesterschurz. 19 Dazu machte ihm seine Mutter ein kleines Oberkleid und brachte es ihm Jahr für Jahr… , so steht es im 2. Kap. 18, 19. Vermutlich hat es auch Jahr für Jahr beim Abschied Tränen gegeben.

Quasi als Ausgleich segnete Gott Hanna noch mit fünf weiteren Kindern. Dennoch blieb Samuel immer etwas Besonderes. „Aber der Knabe Samuel wuchs auf bei dem Herrn."

Ich denke Hanna war keine Rabenmutter, sie war sicher oft zerrissen und unsicher, ob ihre Entscheidung Samuel dem Eli zu überlassen richtig war. Aber letztlich war sie überzeugt das abgelegte Gelübde erfüllen zu müssen. Sie ist damit ein Vorbild an Verlässlichkeit, sie hat keine leeren Versprechungen gemacht, sie hat gehalten, was sie Gott versprach. Sicher auch im Zutrauen darauf, dass Gott beschützt, wen sie ihm anvertraut.

Was also können wir von Hanna lernen?

- In Kummer und Leid können wir uns Gott anvertrauen.
- Wenn wir ruhig und gelassen bleiben, obwohl wir angegriffen und – zu Unrecht- beschuldigt werden, zeigen wir wahre Größe und zerstören keine Beziehungen
- Wir müssen lernen zu halten, was wir versprechen, oder eben nur zu versprechen, was wir halten können.

Deborah, die Richterin

darf ich mich vorstellen, mein Name ist Debora. Ich bin zurzeit Richterin des Volkes Israel. Wenn ich Recht spreche, sitze ich unter meiner Palme, die Palme der Debora, haben Sie vielleicht schon mal gehört. Aber Recht sprechen ist nicht meine einzige Aufgabe, im Grunde soll ich das Volk führen und auf Gottes rechtem Weg leiten.

Sie fragen sich wie ich als Frau zu dieser Aufgabe kommen konnte?

Lassen Sie mich erklären. Ich muss jedoch ein Bisschen weiter ausholen. Unser Volk ist ja nun zuweilen ein Wenig halsstarrig und kommt gelegentlich vom richtigen Weg ab. Dann beten sie fremde Götter an und halten sich nicht mehr an die Gebote, die Gott ihnen zu Zeiten Mose gab. Naja, dann kommt es eben wie es kommen muss, man verteidigt sich als Volk nicht mehr richtig und landet in der Unterdrückung. So ist es uns auch vor kurzem geschehen. Unsere nördlichen Stämme litten besonders unter der Unterdrückung durch den König von Hazor. Sisera, der militärische Führer unter König Jabin von Hazor hatte 900 eiserne Streitwagen zur Verfügung. Damit konnten wir in keiner Weise mithalten. Also war ein Aufstand gegen den Unterdrücker eigentlich nicht denkbar.

Da kommt meine Berufung ins Spiel: Jedenfalls hatte ich zu Gott schon immer eine lebendige, aktive Beziehung. Ich war bereits als Prophetin anerkannt. Gott hatte mich als seine Prophetin beauftragt, dem Volk seinen Willen mitzuteilen. Ich hatte eigentlich keine Zweifel an dieser Berufung, da es schon immer Gottes Ratschluss war sowohl Männer als auch Frauen zu seinen Sprechern zu machen.

Irgendwie störte es dabei auch nicht, dass ich als israelitische Frau selbstverständlich verheiratet war und immer noch bin. Lappidot, mein Mann, führt einen ganz normalen Haushalt, dem ich angehöre. Einen grundsätzlichen Konflikt sehe ich darin nicht, dass ich zwar eine führende Rolle einnehme, aber auch versuche meiner Rolle als Ehefrau gerecht zu werden.

Oh ja, selbstverständlich spucken die Rabbiner Gift und Galle, sie haben ein merkwürdiges Frauenbild und können gar nicht damit umgehen, dass ich für mein Volk Verantwortung übernehmen wollte und will. In Anlehnung an meinen Taufnamen Debora, der Biene bedeutet, nennen sie mich Hornisse, als ob ich wild um mich stechen würde und meinem Volk Schaden zufügen wollte. Natürlich ist es ein sozialer Drahtseilakt, den ich hier vollführe zwischen traditionellem Rollenverständnis und dem Gefühl der Verantwortung für mein Volk. Aber ich versuche mich immer angemessen zu verhalten und das Leben einer gottesfürchtigen Frau zu leben.

Nun ja, die Gottesfürchtigkeit führte unter anderem wohl dazu, dass ich zur Richterin meines Volkes berufen wurde. Damit war es nicht nur meine Aufgabe unter meiner Palme Recht zu sprechen, eigentlich hatte ich damit auch Regierungsverantwortung für meine Leute und auf ihr geistliches Leben musste ich auch Acht geben. Da hatte ich nun eine ganze große Portion Führungsverantwortung.

Ja und das alles im Angesicht von Jabin, der einen Großteil meines Volkes mit Macht unterdrückte.

Da erhielt ich von Gott den Auftrag gegen die übermächtige Streitmacht von Hazor zu kämpfen und die Besatzung abzustreifen. Ich rief mir Barak, dem ich diesen Auftrag als Heerführer zu delegieren gedachte; schickt es sich doch nicht für eine Frau in den Krieg zu ziehen. Aber Barak bestand darauf, dass ich ihn begleitete. Barak sah in mir wohl so etwas wie den Garant für das Gelingen dieser Mission und einen Beweis für die Gegenwart Gottes. Um es kurz zu machen: Es gelang Barak mit Gottes Beistand die Feinde vernichtend zu schlagen, wobei Sisera auf der Flucht durch eine List sein Leben verlor. Ich war zwar dabei, hielt mich aber wohlweislich im Hintergrund, schließlich hatte ich Barak die Verantwortung für diesen Feldzug übertragen.

Schwierig ist dieser Drahtseilakt immer wieder, schließlich sind die allermeisten Führer unserer Gesellschaft männlich. Andererseits hat mich Gott selbst beauftragt. Soll ich da aus Angst vor den Urteilen und Vorurteilen der Gesellschaft einen Rückzieher machen und die Verantwortung von mir weisen, obwohl ich Gott an meiner Seite weiß. Nachdem wir nun Siseras Streitmacht vernichtend geschlagen haben, wünsche ich mir Frieden für eine lange Zeit, vierzig Jahre, das wäre schön.

Aber warum erzähle ich Ihnen das alles? Es wäre schön, wenn ich Ihnen Mut machen könnte, auf Gottes Stimme zu hören, mich und die meinen hat er zum Sieg und Frieden geführt. Aber Sie sollen nicht nur hören und vertrauen. Sie müssen auch weitersagen, was Sie hören. Tragen Sie es in die Welt.

Haben Sie keine Angst, dass man Ihnen nicht zuhören könnte. Wenn Gott durch Sie etwas zu sagen hat, wird er Ihnen das Werkzeug mitgeben, das sie brauchen um sich Gehör zu verschaffen. Wem Gott einen Auftrag erteilt, den lässt er nicht ohne Werkzeugkoffer gehen. Dabei spielt es übrigens gar keine Rolle, welchen Auftrag er Ihnen erteilt, das passende Werkzeug ist immer dabei. Wenn Sie als Erzieherin für die Kleinsten der Gesellschaft zuständig sind, werden Sie eine Portion Geduld mitbekommen haben. Wenn Sie im Beruf für das Recht und die Gerechtigkeit eintreten sollen, werden Sie einen großen Sinn dafür mitbekommen haben und wenn Sie einer handwerklichen Tätigkeit nachgehen, werden Sie auch über zwei geschickte Hände verfügen. Aber eines ist natürlich unerlässlich: offen sein für Gottes Stimme und wissen, wann man gemeint ist oder auch einmal feststellen, dass man nicht gemeint ist.

Abigajil – eine mutige Frau

Abigajil – eine Frau von der man nicht häufig hört. Eine mutige und intelligente Frau, die uns als Vorbild dienen kann.

Zunächst möchte ich Ihnen kurz die Umstände schildern, die dazu führten, dass Abigajil in die Geschichte eingreifen musste. Sie können die Geschichte im 1. Sam. 25 nachlesen:

Sie war mit einem reichen Viehzüchter namens Nabal verheiratet. Als David auf der Flucht vor Saul in der Nähe von Nabals Herden lagerte hatten er und seine Leute nicht, wie sonst üblich, diese geplündert. Stattdessen halfen David und seine Männer Nabals Hirten die Herden zu bewachen. Als die Zeit der Schur gekommen war, sandte David einige seiner Männer zu Nabal. Sie sollten dort um eine angemessene Entlohnung für ihre Dienste nachsuchen. Trotz der Fürsprache er Hirten verweigerte Nabal David und seinen Leuten den angemessenen Lohn.

David war zornig und wollte das Haus Nabals und seinen gesamten Besitz vernichten. Nabals Hirten hatten aus Angst vor Davids Rache Abigajil informiert, die in aller Eile handelte:

1. Sam. 25, 18-35:

Da eilte Abigajil und nahm zweihundert Brote und zwei Krüge Wein und fünf zubereitete Schafe und fünf Maß Röstkorn und hundert Rosinenkuchen und zweihundert Feigenkuchen und lud alles auf Esel 19 und sprach zu ihren Leuten: Geht vor mir her; siehe, ich will sogleich hinter euch herkommen. Und sie sagte ihrem Mann Nabal nichts davon. 20 Und als sie auf dem Esel ritt und hinabzog im Schutz des Berges, siehe, da kam David mit seinen Männern ihr entgegen, sodass sie auf sie stieß. 21 David aber hatte gedacht: Nun hab ich alles umsonst behütet, was der da in der Wüste hat, sodass nichts vermisst wurde von allem, was er hat; und er vergilt mir Gutes mit Bösem! 22 Gott tue David dies und noch mehr, wenn ich ihm bis zum lichten Morgen "einen" übrig lasse, der männlich ist, von allem, was er hat. 23 Als nun Abigajil David sah, stieg sie eilends vom Esel und fiel vor David nieder und beugte sich zur Erde 24 und fiel ihm zu Füßen und sprach: Ach, mein Herr, auf mich allein falle die Schuld! Lass deine Magd reden vor deinen Ohren und höre die Worte deiner Magd! 25 Mein Herr errege sich nicht über Nabal, diesen heillosen Menschen; denn wie sein Name, so ist er: Er heißt »Tor« und Torheit ist bei ihm. Ich aber, deine Magd, habe die Leute meines Herrn nicht gesehen, die du gesandt hast. 26 Nun aber, mein Herr, so wahr der HERR lebt und so wahr du selbst lebst: Der HERR hat dich davor bewahrt, in Blutschuld zu geraten und dir mit eigener Hand zu helfen. So sollen deine Feinde und alle, die meinem Herrn übel wollen, wie Nabal werden! 27 Hier ist die

Segensgabe, die deine Magd meinem Herrn gebracht hat; das soll den Leuten gegeben werden, die meinem Herrn folgen. 28 Vergib deiner Magd die Anmaßung! Der HERR wird meinem Herrn ein beständiges Haus bauen, denn du führst des HERRN Kriege. Es möge nichts Böses an dir gefunden werden dein Leben lang. 29 Und wenn sich ein Mensch erheben wird, dich zu verfolgen und dir nach dem Leben zu trachten, so soll das Leben meines Herrn eingebunden sein im Bündlein der Lebendigen bei dem HERRN, deinem Gott, aber das Leben deiner Feinde soll er fortschleudern mit der Schleuder. 30 Wenn dann der HERR meinem Herrn all das Gute tun wird, was er dir zugesagt hat, und dich zum Fürsten bestellt hat über Israel, 31 so wird das Herz meines Herrn frei sein von dem Anstoß und Ärgernis, dass du unschuldiges Blut vergossen und dir selber geholfen habest. Und wenn der HERR meinem Herrn wohltun wird, so wollest du an deine Magd denken. 32 Da sprach David zu Abigajil: Gelobt sei der HERR, der Gott Israels, der dich heute mir entgegengesandt hat, 33 und gesegnet sei deine Klugheit und gesegnet seist du, dass du mich heute davon zurückgehalten hast, in Blutschuld zu geraten und mir mit eigener Hand zu helfen. 34 Wahrlich, so wahr der HERR, der Gott Israels, lebt, der mich davor bewahrt hat, übel an dir zu tun: Wärest du nicht eilends mir begegnet, so wäre dem Nabal bis zum lichten Morgen nicht "einer," der männlich ist, übrig geblieben

Abigajils schnelles, zielstrebiges Handeln beeindruckt und zeugt von Weisheit. Es gelang ihr David von seinem brutalen Plan abzubringen und er war von ihr so tief beeindruckt, dass er um ihre Hand anhält, als er erfährt, dass Nabal infolge eines Schlaganfalles verstorben ist.

Den Schlaganfall hat er übrigens erlitten, als er erfuhr, wie Abigajil gegenüber David gehandelt hatte.

Sehen wir uns das Vorgehen der Abigajil im Einzelnen an.

Abigajil ist, wie David selbst, der Auffassung, dass Nabal so hätte nicht reagieren dürfen ("Nabal, diesen nichtsnutzigen Dummkopf darfst du nicht ernst nehmen“). Abigajil nimmt gedanklich die Position Davids ein und kann daher gut nachvollziehen, dass er sich schlecht und ungerecht behandelt fühlt. Sie selbst empfindet das Verhalten Nabals als Ungerechtigkeit. Indem sie David diese Erkenntnis offenbart gibt sie ihm das Gefühl, dass er zu Recht zornig und ungehalten ist.

Im Zweiten Schritt erkennt Abigajil Davids Forderung nach gerechter Entlohnung an und bringt ihm ausreichend Nahrungsmittel für sich und seine Gefolgsleute mit. Sie kommt damit Davids Wunsch nach und zollt ihm gleichzeitig Respekt. Ferner dienen die mitgebrachten Lebensmittel als Wiedergutmachung und Versöhnungsangebot. Abigajil hat also nicht nur mit

Worten ihr Bedauern über das unmögliche Verhalten ausgedrückt, sondern ihre Haltung auch mit Taten unterstrichen.

In ihrer Rede zu David drückt Abigajil deutlich aus, dass sie ihn nicht als verkommenen Rohling betrachtet, der grundlos dreinschlägt, vielmehr betont sie ausdrücklich, dass sie ihn für den „Mann (hält) durch den der Herr seine Kriege führt und dein Leben lang wird dir niemand ein Unrecht vorwerfen können." Durch diesen rhetorischen Kniff gelingt es Abigajil David vor Augen zu führen, dass das Bild, welches sie von ihm und seinem Charakter hat, nicht mit seinen Racheplänen in Einklang steht.

Gleichzeitig gelingt es ihr damit auch David an seine eigenen Werte und Moralvorstellungen zu erinnern. David weiß, dass Töten und Blutvergießen klar gegen Gottes Gebot verstößt. Abigajil vermittelt David die Erkenntnis ihr Erscheinen sei ein Zeichen, um ihn daran zu hindern Gottes Gebot zu übertreten. „ Der Herr hat dich so daran gehindert, dich zu rächen und schwere Schuld auf dich zu laden."

Weiter verhilft sie David zu der Einsicht, dass Gott Nabal seiner gerechten Strafe zuführen wird, während David unter Gottes persönlichem Schutz steht.

Außerdem blickt sie für David in die Zukunft und bittet ihn alles zu überdenken, damit er jetzt nichts tun wird, was er später bereuen wird. Sie erinnert ihn, dass es unklug ist, das Gewissen zu beflecken, wenn man später die Herrschaft über ein vereintes Volk führen soll.

Ich fasse zusammen:

Um David von seinen Racheplänen abzubringen,

- Versetzt sich Abigajil in seine Lage
- Bittet ihn mit Wort und Tat um Vergebung
- Legt sie ihm ihr positives Bild von ihm dar

- Erinnert sie ihn an seine eigenen Werte
- Stärkt sein Vertrauen in die Gerechtigkeit Gottes
- Verdeutlicht ihm die negativen Auswirkungen seiner Rachepläne für seine eigene Zukunft.

Und wie reagiert David? Trotzdem die Rede Abigajils recht kurz ist erfasst David sehr schnell, dass er es mit einer wortgewandten, klugen Frau zu tun hat. Deshalb dankt er Gott dafür, dass er ihm Abigajil quasi in den „Weg gestellt hat". Davids eigene starke Persönlichkeit erlaubt ihm in Abigajil eine ebenbürtige Ratgeberin zu sehen. Er erkennt ihre Stärke und ihren Mut und ist dankbar, dass sie diese Eigenschaften in seinem Sinne eingesetzt hat. Dies veranlasst ihn auch nach dem Tode Nabals Abigajil zu heiraten. Vermutlich hat David in ihr eine Partnerin gesehen, die seine eigenen Schwächen ausgleichen konnte und seine Stärken zu ergänzen vermochte.

Durch seine eigene psychische Stärke war David in der Lage eine Frau mit Abigajils Fähigkeiten in seinem Umfeld zu ertragen, ja sogar zu schätzen.

Über Abigajil ist in der Bibel nur diese eine, recht kurze Geschichte überliefert. Dennoch ermöglicht uns diese einen sehr genauen Blick auf eine der faszinierendsten Frauen des Alten Testamentes.

Abigajil ist klug und entschlossen aber auch sensibel und mitfühlend. Durch ihr Mitgefühl ist sie in der Lage, Davids Wut zu besänftigen und ihn dazu anzuleiten über die Folgen seiner Rachegedanken nachzusinnen. Durch eine Ansprache die genau das Wesen Davids anspricht, gelingt es Abigajil, dass David von seinen Plänen Abstand nehmen kann, ohne den Respekt vor sich selbst oder seiner Männer zu verlieren. Sie appelliert an Davids eigene Grundsätze und politische Ziele und erinnert ihn an seine eigenen Wertvorstellungen.

Diese Eigenschaften der Hausherrin scheinen auch dem Gesinde bekannt gewesen zu sein. Nicht umsonst wird sie informiert, als der Knecht aufgrund Nabals Verhalten ahnt, dass David auf Rache sinnt. Das Personal kann sich auf diese umsichtige Chefin verlassen.

Was können wir heute aus Abigajils Verhalten lernen? Abigajil reagierte in drei Schritten.

1. Sie weiß, dass Davids Leute Nahrung brauchen

2. Sie ist bereit, dass notwendige zu tun, auch wenn es unangenehm ist. Sie geht vor David in die Knie und nimmt so eine bittende Position ein

3. Mit ihrer Menschenkenntnis gelingt es ihr rasch zu erkennen, welcher Argumentation David zugänglich sein wird.

Diese Reihenfolge ist fast so etwas wie ein All-Round-Rezept zur Konfliktlösung:

1. Sehen, was der andere braucht

2. Sich dem anderen zu stellen, und nötigenfalls vor ihm auf die Knie gehen

3. Dann argumentieren.

Abigajil – eine kluge Frau, von der wir viel lernen können und deren Konfliklösungsstrategie nichts an Aktualität verloren hat.

Martha und Maria

wenn ich jeden einzelnen von Ihnen nun fragen würde, ob er sich eher mit Martha oder mit Maria identifiziert, würden sich vermutlich mehr Menschen mit Martha identifizieren. Das liegt unter anderem daran, dass Zuhören, In-Sich-Gehen und Konzentration auf das gesprochene Wort in unserer schnelllebigen Zeit leider nicht mehr die Tugenden sind, die einen voranbringen.

Und -ganz ehrlich- mir geht es ebenso. Auch ich spüre viel mehr Martha als Maria in mir. Selten nur habe ich Muße zum Stillesitzen, zum In-Mich-Hineinhören, ganz zu schweigen vom Hören auf Gott.

Auch in der Gemeinde bin ich gerne aktiv: Gemeindefeste planen und bei der Durchführung helfen, Erntedankbrunch organisieren und mich in der Küche nützlich machen, da fühle ich mich wohl und gebraucht. Genauso geht es Martha: In der Küche wirken, damit Jesus sich als Gast bei ihr wohlfühlen kann, weder Hunger noch Durst leiden muss. Und während ich so über meinen Dienst in der Gemeinde nachdenke kommt mir dieser Text unter.

Ich fühle mich sehr verbunden mit Martha, die sich gründlich ärgert über ihre Schwester Maria, die augenscheinlich nichts tut, als Jesus zu Füßen zu sitzen und nur zuzuhören. „Ja“ sagt die Stimme in mir, „Martha hat Recht, Maria könnte ja auch mal was tun.“ Das denke ich mir auch, wenn ich gerade die siebte Bank auf den Parkplatz schleppe, damit die Gemeindefestbesucher nicht stehen müssen und irgendwo in den Räumen beten vier oder fünf für das Gelingen des Festes und dafür das Jesus unter uns sein möge.

Und dann kommt Jesus und antwortet auf die doch so berechtigte Klage Marthas mit leichtem Tadel: „Der Herr aber antwortete und sprach zu ihr: Marta, Marta, du hast viel Sorge und Mühe.

Eins aber ist Not. Maria hat das gute Teil erwählt; das soll nicht von ihr genommen werden.“

Hallooo?! Ist Marthas, ist meine Mühe denn gar nichts wert, stellen sich die Bänke denn von alleine auf? Kocht sich der Kaffee selbst?

Nein, Jesus sagt nicht, die Mühe sei nichts wert, im Gegenteil, er wertschätzt was Martha da tut. Martha, Du hast viel Sorge, sorgsam bist Du, um das Wohl Deines Gastes besorgt.

Aber dennoch, Maria hat das gute Teil gewählt. Still kann sie werden in der Gegenwart Jesu, ihre Geschäftigkeit ablegen, auf sein Wort hören In ihrer ungeteilten Aufmerksamkeit für Jesus, in ihrere Konzentration auf sein Wort ist sie ihm, der Mitte näher. Sie läuft nicht Gefahr Jesus aus dem Blick zu verlieren. Martha ist deutlich gefährdeter vor lauter Aktivität den Grund ihrer Aktivität, das Hiersein Jesu zu vergessen. Bei ihr besteht die Gefahr, dass die Bewirtung des Gastes zum Selbstzweck wird, dass der Gast nicht mehr Mittelpunkt des Handelns ist, sondern einzig das Gelingen der Bewirtung.

Jesus sagt, Maria habe das bessere Teil gewählt, das mag aus seiner Sicht in dieser Situation die richtige Einschätzung gewesen sein. Es mag sinnvoll gewesen sein, Martha durch diese Antwort auf ihre Klage vor Augen zu führen, wie ungerecht ihre Beschwerde ist, Martha zum nachdenken und einlenken zu bewegen. Dennoch wäre es aus meiner Sicht nicht angebracht, wenn wir alle nun versuchten, die Martha in uns zu besiegen, denn Bänke bauen sich tatsächlich nicht alleine auf und auch der Kaffee kocht sich nicht von selbst. Aber diese Aktivitäten sind sinnvoll und notwendig, um den Menschen zu zeigen, wie lebendig Glaube in der Gemeinschaft gelebt werden kann und wie erfüllend es ist bei gutem Essen und Trinken ein Fest zu feiern in dessen Mitte Jesus gegenwärtig ist. Damit Jesus gegenwärtig sein kann, bedarf es dringend der Beter, die ihn im Gebet in unsere Mitte einladen, ihm unseren Kreis öffnen.

Ich möchte einen Vergleich ziehen zu zwei Bereichen, in denen Kirche tätig ist. Zum einen die Theologie, zum anderen die Diakonie. Dieser tätige Dienst am Nächsten ist Ausdruck der christlichen Nächstenliebe und gehört untrennbar zum Profil christlicher Gemeinden.

Die Theologie, die Auslegung von Gottes Wort, so möchte ich einmal bezeichnen, und die Diakonie sind zwei wichtige Aspekte des großen, bunten Bildes kirchlichen Lebens. Und eines ist ohne das andere nicht denkbar.

Im Grunde gehe ich davon aus, dass sogar in jedem von uns sowohl eine aktive Martha als auch eine aufmerksame, zuhörende Maria wohnt.

Letztlich ist es unsere Aufgabe beiden in uns Raum zu geben und dafür zu sorgen, dass sie einander nicht unterdrücken. Wenn uns das gelingt, dürfte das Verhältnis zwischen Ruh´n und Tun, zwischen Aktion und Meditation und zwischen Arbeit und Gebet ausgewogen sein. Dann haben wir ein inneres Gleichgewicht gefunden. Das absolute Gleichgewicht beider Seelen in unserer Brust wird aber fernes Ziel bleiben. Daher ist es wichtig, dass wir in unseren Gemeinden Platz haben für diejenigen, die mehr Maria in sich spüren und diejenigen, die viel Martha in sich haben. Beide sind wichtig und untrennbar miteinander verknüpft. Eine Gemeinde kann nur erfolgreich arbeiten, wenn es Menschen gibt, die für und in ihr arbeiten, wenn es aber ebenso Menschen, die sich im Gebet ihrer annehmen, damit die Mitte nicht verloren geht und Gemeinde zum Selbstzweck wird. Wenn wir dann noch lernen, voneinander zu lernen, sind wir auf einem guten Weg, eine lebendige vielfältige Gemeinde zu werden. Das wünsche ich mir.

Amen

Judith und Holofernes – eine Frau überschreitet Grenzen

Ich möchte Ihnen heute Judith vorstellen. Dieser Frau ist ein ganzes Buch in den Apokryphen gewidmet: das Buch Judith.

Zur Zeit Judiths herrschte Nebukadnezar und war besessen von der Idee alle umliegenden Völker zu erobern und zu unterwerfen. Daher schickte er seinen Heerführer Holofernes auf einen Feldzug. Holofernes war zunächst sehr erfolgreich, erstürmte Burgen, eroberte befestigte Städte, zerstörte und raubte viele Ortschaften und Städte aus. Viele Volksstämme unterwarfen sich und boten ihm die Gefolgschaft unter Nebukadnezar an. Doch Holofernes unterließ sein Werk der Zerstörung nicht.

Selbstverständlich war es nur eine Frage der Zeit bis er die Israeliten im Lande Juda bedrohte, doch diese beschlossen sich zu wehren. Um den Beistand Gottes zu erlangen taten die Israeliten Buße und beteten. Daneben befestigten sie ihre Dörfer und Städte und legten Vorräte an, um eine mögliche Belagerung überleben zu können.

Holofernes erfuhr davon, dass die Israeliten nicht klein beigeben wollten. Er wird sogar durch einen Mann namens Achior gewarnt, dass die Israeliten ihren Gott bislang immer auf ihrer Seite hatten. Aber anstatt den warnenden Worten Glauben zu schenken wurde Holofernes so wütend, dass er ihn den Israeliten ausliefern ließ. Diese töteten Achior jedoch nicht, sondern erfuhren von ihm was Holofernes vorhatte.

Holofernes belagerte planmäßig die Stadt Betulia und schnitt den Israeliten unter anderem auch den Zugang zu ihren Quellen ab, so dass diese schon aufgeben wollten. Usia, der Anführer der Israeliten, riet dazu, noch fünf Tage abzuwarten, ob Gott nicht bereit wäre, sein Volk zu retten. Nach Ablauf dieser Frist wollte auch er aufgeben.

Als Judith, die schöne und reiche Witwe eines Großbauern, des Manasse, von diesen Plänen erfährt, wird sie wütend.

„Als sie zu ihr kamen, sagte sie zu ihnen: Hört mich an, ihr Vorsteher der Einwohner von Betulia! Es war nicht recht, was ihr heute vor dem Volk gesagt habt. Durch diesen Eid, den ihr geschworen habt, habt ihr Gott und euch selbst festgelegt; denn ihr habt erklärt, dass ihr die Stadt unseren Feinden ausliefern wollt, wenn der Herr euch nicht inzwischen Hilfe schickt. 12 Wer seid ihr denn, dass ihr am heutigen Tag Gott auf die Probe stellt und euch vor allen Leuten an die Stelle Gottes setzt? 13 Ihr wollt den Herrn, den Allmächtigen, auf die Probe stellen und kommt doch ewig zu keiner Erkenntnis (Judit 8, 11-13). In Judith reifte ein Plan.

Judith zog die Witwengewänder aus, und nachdem sie inständig zu Gott gebetet und Buße getan hatte, putzte sie sich kräftig heraus und ging mit dem Segen Usias zu Holofernes, in der tiefen Absicht, diesen zu verführen und später zu töten.

Und natürlich gefiel Holofernes diese attraktive, stilvolle Frau und sie konnte sein Vertrauen gewinnen. So bot er ihr seine Gastfreundschaft an. Judith verbrachte mehrere Tage im Lager der Feinde und darf in dieser Zeit nachts zum Gebet das Leger verlassen. Nach vier Tagen lud Holofernes Judith zum Gastmahl, sie folgte der Einladung, genoss aber nur Speisen, die ihr die eigene Magd zubereitet hatte, während Holofernes insbesondere dem Alkohol im Übermaß zusprach. Spät in der Nacht verließ sie Lager betete noch einmal zu Gott und bat ihm um Gnade für das was sie nun zu tun gedachte. Dann nahm sie ein Schwert, betrat das Zelt des Heerführers und schlug ihm den Kopf ab. Diesen steckte sie in einen Sack und verließ mit ihrer Magd eiligst den Tatort. Judith kehrte siegreich zu den ihren zurück, war sich der Sünde einen Menschen getötet zu haben aber in vollem Umfang bewusst. Immer wieder betete sie deshalb zu Gott. Als die Assyrer den Tod ihres Hauptmannes bemerkten, gerieten sie derart in Panik, dass sie völlig kopflos flüchteten und alles im Lager zurück ließen.

Soweit die Geschichte von Judith, die Ihr Volk vor der feindlichen Übernahme durch Nebukadnezar rettete. Allerdings hat Judith für diese Rettung große Schuld auf sich geladen. Sie hat gegen eines der zehn Gebote verstoßen, eines der Gebote, denen wir sicher auch eine große, gesellschaftlich relevante Bedeutung zumessen. Dieses Verstoßes war sie sich schmerzlich bewusst. Nicht umsonst hat Judith bereits vor der Tat Asche auf ihr Haupt gestreut und ist im Bußgewand vor ihren Gott zu treten und zu bitten und gleichzeitig Buße zu tun. Sie berichtet Gott ganz offen von ihren Plänen, hält nicht hinter dem Berg. Sie ist getragen von der festen Überzeugung, dass Gottes Macht sich nicht auf die schiere Zahl der Streiter stützt, sondern auf die, die in seinem Namen um der Gerechtigkeit willen kämpfen.

Und augenscheinlich hat Gott ein Herz für diese mutige Frau und ihren tollkühnen Plan, ja ganz offensichtlich kann er sogar ihre Absicht um der Sache willen zu töten akzeptieren. Judith gewinnt das Vertrauen der Feinde ihres Volkes und schleicht sich in das Herz ihres Anführers Holofernes um ihn bei nächstbester Gelegenheit zu enthaupten.

Ist das gerechtfertigt, einen Mord zu begehen um unzählige weitere zu verhindern. Eine Frage, die sich sicher auch Dietrich Bonhoeffer gestellt haben mag, der im engeren Kreis um die Attentäter des 20.Juni an der Planung des Attentates auf Hitler maßgeblich beteiligt war. Er sagt dazu: „Man kann nicht seine Verantwortung für andere wahrnehmen und dabei schuldlos bleiben wollen."

War Bonhoeffer, war Judith waren sie skrupellose Totschläger. Ich glaube nicht. Sowohl Judith als auch Dietrich Bonhoeffer waren sich schmerzlich bewusst, dass sie mit ihren Plänen und Handlungen gegen Gottes Gebote verstoßen.

Aber klar war im einen wie im anderen Fall auch, dass das Einhalten der Gebote ein noch viel größeres Unglück und Leid heraufbeschwört.

Und genau deshalb tut Judith von Beginn ihrer Pläne an Buße und betet immer wieder zu Gott.

Die Geschichte von Judith ist, ebenso wie die Bonhoeffers, kein Freibrief für Mord und Totschlag, keine tumbe Rechtfertigung für den Verstoß gegen Gottes Gebote.

Vielmehr macht uns diese Situation klar: Im Einzelfall kann angemessen sein, was jeder einzelne von uns als Tat entschieden von sich weisen würde. Eine immer stimmige Lösung gibt es nicht. Die Beurteilung bleibt jedem selbst überlassen, aber klar ist, dass die Norm nicht um ihrer selbst willen gilt. In einem Buch habe ich folgenden Satz gelesen, der gut beschreibt, worauf ich hinaus will: „Wir werden mit Situationen konfrontiert, für die es noch keinen Ratgeber und keine Regel gibt. In der wir uns deshalb immer und immer wieder die Frage zu stellen haben: Wie weit muss ich, wie weit darf ich über Grenzen hinausgehen – und zwar ohne sie zu verschieben.“

Mütter in der Bibel – Predigt zu Muttertag 2014

Die Gnade unseres Herrn Jesus Christus sei mit euch allen. Herr segne und regiere unser Reden und Hören durch Deinen Heiligen Geist. Amen

Ja liebe Gemeinde,

Muttertag, umstritten, skeptisch betrachtet, argwöhnisch beäugt. Viele haben so ihre eigene Auffassung vom Fest der Floristen, Parfümerien und Konditoren. Aber ganz frei machen kann man sich nicht vom allgegenwärtigen, süßlichen Werben ebenjener Branchen, die mit dem Muttertag so ihre Geschäfte machen.

Grund genug einen Blick auf einige biblische Mütter zu werfen. Man könnte ja vermuten, dass wir hier ausnahmslos auf perfekte Übermütter treffen, die keinerlei Mängel aufzuweisen hatten. Mitnichten, viele der biblischen Mütterfiguren hatten sehr menschliche Schwächen und Probleme.

Werfen wir zunächst einen Blick auf – genau! die erste Mutter, die die Bibel überhaupt vorstellt: Eva, eine am Ende verwaiste Mutter.

Eva kann es nicht lassen, sie verführt den braven Adam dazu vom Apfel im Garten zu essen. Das Ende der Geschichte kennen wir: Adam und Eva ereilt im Garten Eden die Erkenntnis ihrer Nacktheit, sie verkriechen sich vor Gott, aus vertrauensvoller Gottesnähe wird Gottesfurcht. Als Strafe müssen sie nicht nur den Paradiesgarten verlassen, nein, Eva wird zudem ihre Kinder unter Schmerzen gebären müssen. Sie bringt zwei Söhne zur Welt, nach durchgehaltener mühevoller Schwangerschaft und schmerzhafter Geburt. Dennoch wird Eva mit Liebe und Stolz auf ihre Söhne geblickt haben, wie Mütter dies üblicherweise tun. Sie erzieht sie zu gläubigen, religiösen Menschen, die ihrem Gott Opfer bringen. Aber eines vermochte Eva nicht, die Konkurrenz zwischen den jungen Männern in vernünftige Bahnen zu lenken und ihre Bruderliebe zu fördern. Dies gelingt ihr nicht. Und so steht sie am Ende als verwaiste Mutter da, deren einer Sohn durch die Hand des anderen zu Tode kam. Es ist undenkbar, was Eva in dieser Situation gefühlt haben mag. Welche Schuld mag sie sich selbst gegeben haben?

Eine weitere Mutter, auf die ich unseren Blick gerne lenken möchte ist Rebekka (1. Ms. 24ff). Rebekka ist jung und durchsetzungsfähig und so verlässt sie ihr Zuhause um mit Isaak die Ehe einzugehen. Rebekka wird schwanger, was sie nicht weiß, vielleicht aber ahnt: ihren Leib teilen sich gleich zwei Babys. Als die beiden, Esau und Jakob zur Welt kommen, sind sie doch sehr unterschiedlich, Esau scheint aus gröberem Holz geschnitzt, ist später mutig und geschickt bei der Jagd, der Liebling seines Vaters. Jakob ist feingeistig und sensibel, die Jagd liegt ihm nicht, so bleibt er lieber bei den Zelten. Jakob gewinnt die ganze Zuneigung seiner Mutter. Was Rebekka hier passiert, ist ein Muster, das sich in vielen Familien beobachten lässt. Die Eltern behandeln Geschwisterkinder unterschiedlich, bevorzugen eines. In der Geschichte um Esau und Jakob nimmt es nach Irrungen und Wirrungen – Jakob erschleicht sich das Erstgeburtsrecht und muss fliehen – ein gutes Ende, das brüderliche Band überwindet die mütterliche Ungleichbehandlung. Rebekka ist nicht gelungen, wonach Eltern mehrerer Kinder immer trachten sollten, allen Kindern das gleiche Maß an Achtung und Liebe entgegen zu bringen, alles andere hat eine zerstörerische Kraft.

Nach diesen beiden Beispielen aus dem Alten Testament sollten wir nun einen Blick in das Neue Testament werfen. Dort haben wir mit Salomé eine Mutterfigur, wie sie uns auch heute oft begegnet. Salomé ist grenzenlos ehrgeizig, nicht für sich, für ihre Söhne Jakobus und Johannes, die beide zum Kreis der Jünger Jesu zählen. Salomé möchte ihre Söhne ganz nah bei Jesus sehen, so erzählt uns das Matthäusevangelium in Kap. 20: 20 Sie warf sich vor ihm nieder und wollte ihn um etwas bitten. 21 "Was willst du?", fragte er. Sie antwortete: "Wenn deine Herrschaft begonnen hat, dann gib meinen beiden Söhnen die Ehrenplätze rechts und links neben dir!" So wichtig ist ihr das, dass sie sich von Jesus regelrecht zurecht stutzen lassen muss. Der stellt nämlich klar: „...wer einmal die Plätze rechts und links neben mir einnehmen wird. Das hat bereits mein Vater entschieden."

Salomé unterläuft hier wohl derselbe Fehler, der auch heutigen Müttern unterlaufen kann. Sie definiert ihr eigenes Ich über den Erfolg der Kinder, versuchen eigene, unerfüllte Träume im Leben ihrer Kinder zu verwirklichen, ohne auch nur zu fragen, ob ihre Träume und deren Träume überhaupt deckungsgleich sind. Eigene Pläne im Leben der Kinder verwirklichen zu wollen, stellt diese vor eine schier unlösbare Aufgabe, ist doch jedes Kind mit ganz individuellen Stärken, Schwächen und Eigenheiten ausgestattet und hat ein Recht darauf sein Leben zu leben und nicht die unerfüllten Wünsche der Mutter zu realisieren.

Eine weitere, interessante Mutterfigur des Neuen Testamentes finden wir in Maria. Sie muss ihren Sohn unter doch sehr widrigen Umständen zur Welt bringen. Unverheiratet und nicht eben mit üppigen finanziellen Mitteln ausgestattet, hat sie wenigstens noch das Glück, dass der Mann an ihrer Seite sie nicht auch noch im Stich lässt. Aber die Umstände damals im Stall von Bethlehem waren bestimmt alles andere als prickelnd. Dann hat sie nun diesen Sohn, den sie Jesus nennt, aber der Knabe tut nicht ganz was er soll. Mit zwölf reißt er aus und die Familie findet ihn nach langem Suchen im Tempel, wo er tut, als sei dies die natürlichste Sache der Welt. Später, kaum den Kinderschuhen entwachsen wird er aufmüpfig und fällt durch öffentliche Provokationen auf. Damit muss Maria leben. Uns sie tut es, steht zu ihrem Sohn bis zum bitteren Tod am Kreuz. Maria hat die unendliche Gnade erfahren, die Mutter Jesu sein zu dürfen und hat das unendliche Leid ertragen, ihn so gefoltert zu sehen.

Am Ende meiner kleinen Auswahl biblischer Mütter möchte ich noch eine Mutter anderer Art in den Blick nehmen: die Schwiegermutter. Ihr Name ist Noomi. Sie kennen bestimmt den bei Trauungen beliebten Vers aus Rut 1, 16:

Wo du hingehst, da will auch ich hingehen. Wo du bleibst, da bleibe ich auch. Dieser Vers bezieht sich nicht, wie man denken könnte, auf Eheleute, sondern auf Ruth und ihre Schwiegermutter Noomi. Nach dem Tod des Ehemannes zieht Noomi zu ihren Söhnen, die in der Fremde leben. Sie lernt dort deren Ehefrauen Orpa und Rut kennen und schätzen. Als jedoch die beiden Söhne ebenfalls sterben, möchte Noomi zurück in die Heimat. Sie rät Orpa und Ruth sich von ihr zu trennen und sich neue Männer zu suchen. Orpa beherzigt den Vorschlag, Rut jedoch bleibt Noomi, der vielzitierte Satz fällt. Als Ruth doch noch einen Mann heiratet, ist Noomi sogar bereit den von ihr geborenen Sohn anstelle eines Enkels anzuerkennen. Die innige Beziehung von Ruth und Noomi ist ein rührender Gegenentwurf zu vielen Beziehungen zwischen Schwiegerkindern und Schwiegereltern, dem man wünschen muss, dass er Schule macht.

Jesus und die Ehebrecherin

Es gibt viele Redensarten, die wir aus der Bibel übernommen haben, die in den Volksmund Eingang gefunden haben. Bei vielen dieser häufig gebrauchten Sprüche ist uns die biblische Herkunft gar nicht mehr bewusst. Bei einigen ist es uns aber durchaus geläufig, dass der Spruch erstmals im Buch der Bücher zitiert wurde. Einer der Verse die aus dem heutigen Bibeltext im Gedächtnis bleiben gehört dazu:

„Wer unter euch ohne Sünde ist, der werfe den ersten Stein auf sie."

Der dazugehörige Gesamtkontext im Johannesevangelium, Jesu Begegnung mit der Ehebrecherin (Kap. 8, V. 3-11) erzählt uns folgendes:

3 Aber die Schriftgelehrten und Pharisäer brachten eine Frau, beim Ehebruch ergriffen, und stellten sie in die Mitte

4 und sprachen zu ihm: Meister, diese Frau ist auf frischer Tat beim Ehebruch ergriffen worden.

5 Mose aber hat uns im Gesetz geboten, solche Frauen zu steinigen. Was sagst du?

6 Das sagten sie aber, ihn zu versuchen, damit sie ihn verklagen könnten. Aber Jesus bückte sich und schrieb mit dem Finger auf die Erde.

7 Als sie nun fortfuhren, ihn zu fragen, richtete er sich auf und sprach zu ihnen: Wer unter euch ohne Sünde ist, der werfe den ersten Stein auf sie.

8 Und er bückte sich wieder und schrieb auf die Erde.

9 Als sie aber das hörten, gingen sie weg, einer nach dem andern, die Ältesten zuerst; und Jesus blieb allein mit der Frau, die in der Mitte stand.

10 Jesus aber richtete sich auf und fragte sie: Wo sind sie, Frau? Hat dich niemand verdammt?

11 Sie antwortete: Niemand, Herr. Und Jesus sprach: So verdamme ich dich auch nicht; geh hin und sündige hinfort nicht mehr.

Wie oft geschieht uns dies im Alltag? Wir verurteilen an anderen etwas, das uns selbst hätte genauso passieren können oder sogar passiert ist. Wir sprechen innerlich oder im Freundeskreis ein Urteil über einen Bekannten oder einen Prominenten, dessen Lebenswandel durch die Presse geht und vergessen dabei, dass auch wir nicht fehlerlos sind. Selbstverständlich habe ich das als Kind und Jugendliche auch schon getan, einen Menschen verurteilt mir ein Urteil gebildet. Wenn ich dann meiner Oma davon erzählt habe, habe ich oft die Worte gehört: „Kind, Du derfschd net mit Schtää schmeiße, wenn´d im Glashaus sitschd." Das war die Variante meines Heimatdialektes unseres Bibelwortes. Lange wollte ich nicht verstehen, weshalb ich in meiner Urteilsfindung nicht bestärkt, sondern zur Vorsicht und Selbstkritik gemahnt wurde. Mittlerweile ist es mir klar. Wie oft können Fehler geschehen, kann man eine falsche Entscheidung treffen, sich nicht menschlich korrekt verhalten? Niemand ist davor gefeit. Vielleicht ist dieses Bibelzitat gerade deshalb so oft verwendet worden, dass es uns bis heute geläufig ist und leicht über die Lippen kommt.

An Jesus können wir uns ein Beispiel nehmen. Sehen wir uns an welches Verhalten er uns lehrt:

Die Schriftgelehrten zerren eine Frau vor Jesus, die sie in flagranti beim Ehebruch erwischt haben. Sie wissen, dass dies nach jüdischem Gesetz den Tod durch Steinigung nach sich zieht. Nun wollen sie, und ich unterstelle hier ein gewisses Maß an Häme, eine Auskunft dieses Rabbi, wie mit der Sünderin umzugehen sei. Es ist gleich wie Jesus sich entscheidet, für das Gesetz Mose oder die Nächstenliebe, er kann diese Zwickmühle nicht als Sieger verlassen. Ich wäre in so einer Situation wütend über die, die mich so offensichtlich in eine Falle tappen lassen. Ich würde vermutlich meinen negativen Gefühlen Ausdruck verleihen, Enttäuschung zeigen.

Doch Jesus bleibt ganz ruhig, er sagt nichts, aber er tut etwas. Etwas von ganz großer Symbolkraft, er bückt sich und begibt sich damit auf Augenhöhe mit der Sünderin, die die Gelehrten ihm vor die Füße auf die Knie stoßen. Was er in den Sand schreibt bleibt offen, ist auch für das was wir hier lernen können, nicht entscheidend. Entscheidend an dieser Reaktion ist für uns, dass Jesus sich auf Augenhöhe mit der Angeklagten begibt, die Welt aus ihrer Perspektive sieht. Das ist der erste Schritt auf dem Weg zum gnädigen, menschlichen Umgang mit dem Gegenüber: Die Welt aus seinen Augen sehen.

Doch die Schriftgelehrten lassen nicht locker, sie bohren weiter, dringen auf eine Antwort. Nun richtet sich Jesus auf, er möchte auch den Pharisäern auf Augenhöhe begegnen. Ich kann mir das bildlich vorstellen, wie Jesus sich langsam zu voller Mannesgröße aufrichtet, die anwesenden Männer erst intensiv in den Blick nimmt und dann nur diesen einen Satz sagt: „Wer unter euch ohne Sünde ist, der werfe den ersten Stein auf sie." Ein Satz, alles gesagt. Rhetorisch ist das grandios und inhaltlich gibt es nichts hinzuzufügen. Jesus legt die ganze Last der Verantwortung, was mit Gesetzesbrecherin zu geschehen hat zurück in die Hände derer, die nach Gerechtigkeit schreien. Zu deren vermutlichen Leidwesen jedoch nicht, ohne sie an ihre eigene Fehlbarkeit erinnert zu haben.

Die Erkenntnis der eigenen Fehlbarkeit muss die Pharisäer und Schriftgelehrten getroffen haben wie ein Blitz. Sie sind unfähig zu handeln, etwas zu sagen, sie können sich nur noch umdrehen und gehen.

Unnötig zu erwähnen, dass Jesus sich nochmals bückt um der Delinquentin in die Augen schauen zu können.

Doch was tut Jesus nun, als alle weg sind? Er fragt erst einmal nach: „Hat dich niemand verdammt?" Die Frau antwortet: „Niemand, Herr!". Mit dieser Antwort wird ihr selbst bewusst, dass die Männer sie eben nicht wegen ihrer Verfehlung an den Pranger gestellt haben, verurteilt haben. Ihr wird bewusst, dass sie mit dem Leben und heil davon gekommen ist. Sie muss nun keine Strafe mehr fürchten.

Aber Jesus lässt es nicht auf sich beruhen, er ist nicht bereit über das Vergehen hinwegzugehen. Er schließt sich zwar dem Urteil im Namen des Volkes an, indem er ihr versichert: „So verdamme ich dich auch nicht". Er ist sich jedoch der Schuldhaftigkeit ihres Handelns bewusst. Was er ihr erspart, und das ist zutiefst moralisch und menschlich, ist die Zurechtweisung und Anprangerung, coram publico, vor aller Augen und Ohren. Ein Grundsatz der übrigens auch im modernen Jugendstrafrecht durchaus noch zum Tragen kommt. Jesus bringt klar zum Ausdruck, dass er zukünftig ein Leben diesseits geltender Gesetze erwartet: „...geh hin und sündige hinfort nicht mehr." Einmal ist die Ehebrecherin dem Tod entkommen, ob dies ein zweites Mal gelingen kann ist fraglich. Da ist das Leben auf diesseits der Legalität fraglos der sicherere Weg. Jesus ist hier sehr bestimmend in seiner Forderung, er sagt nicht, versuche sündlos zu leben oder sündige nicht mehr, wenn Du kannst. Jesus spricht ganz klar im Imperativ, in der Schule nannten wir diese grammatische Form die „Befehlsform". Freundlich spricht er, aber bestimmt und in seiner Aussage klar.

Ich fasse zusammen, was wir von Jesus lernen können:

1. Wenn jemand versucht, Dir eine Falle zu stellen, reagiere ruhig und gelassen, Du gewinnst an Souveränität.

2. Wenn jemand einen Fehler gemacht, Regeln gebrochen, das Gesetz übertreten hat, begib dich auf Augenhöhe mit ihm, versuch die Welt mit seinen Augen zu sehen.

3. Erkenne das Urteil der Mehrheit an

4. Wenn Du selbst Erwartungen hast, äußere sie klar, unmissverständlich und deutlich, aber nie so, dass die Ehre des anderen verletzt wird.

Bilder Der Passion (angelehnt an die CD von Clemens Bittlinger)
Viele huldigen Jesus und jubeln ihm zu als er in Jerusalem einzieht. Und doch können sein Ruhm und die Anerkennung ihm nicht ersparen, was er erleiden muss. Seltsam und rätselhaft erscheint uns, was sich da abspielt. In dieser kurzen Zeitspanne der letzten Tage des Jesus von Nazareth bündelt sich alles, was ein ganzes Menschenleben ausmachen kann: Liebe und Freundschaft, Begeisterung und Verrat, Gemeinschaft und Einsamkeit, Schuld und Vergebung, ja sogar Tod und Leben.

Ich erhebe keinen Anspruch auf Vollständigkeit, wenn ich Sie nun mitnehmen möchte auf eine kleine Reise durch die Begebenheiten vor dem Osterfest. Ich möchte Sie einladen die letzten Tage des Jesus von Nazareth nachzuvollziehen und die Stationen seiner Passion mit mir zu bedenken.

Beginnen wir mit der Einkehr Jesu im Hause der Martha und Maria sechs Tage vor dem Passahfest.

Martha, ganz gute Gastgeberin, kümmert sich mit vollen Kräften um das leibliche Wohl des gern gesehenen Gastes. Und was tut Maria? Sie hat nichts Besseres zu tun, als Jesus die Füße zu salben. Nicht mit irgendeinem billigen Öl, nein das Teuerste ist gerade gut genug. Stellen Sie sich das vor. Einen wahren Schatz hat Maria Jesus um die Füße geschmiert. Und das alles während ihre Schwester schuftet. Können Sie sich vorstellen wie erbost Martha gewesen sein mochte. Und Jesus? Er entzieht ihr nicht etwa beschämt seine Füße. Er lässt Maria gewähren und nimmt sie vor Angriffen wegen der Verschwendung der teuren Salbe auch noch in Schutz. Rätselhaft sagt er: „ Lass sie in Frieden! Es soll gelten für den Tag meines Begräbnisses. Denn Arme habt ihr allezeit bei euch; mich aber habt ihr nicht allezeit."

Maria gibt ohne Reue das Beste was sie hat dem, an den sie vorbehaltlos glaubt. Können wir das auch von uns sagen?

Mir fällt es manchmal schwer, einfach zu geben und zu verzichten, obwohl ich in der unsagbar glücklichen Situation aus der Fülle leben zu dürfen. Trotzdem ertappe ich mich dabei zu sehr an materiellen Dingen zu hängen.

Judas sieht das Handeln Marias und ist völlig von den Socken. Was soll das? Diese Salbe ist so viel wert! Wenn man sie verkaufen würde, was könnte man mit diesem Geld alles Gutes tun? Na warte Jesus, dass du diese Verschwendung nicht verhinderst, sondern im Gegenteil auch noch genossen hast. Judas glaubt Jesus nicht mehr zu kennen und verliert seinen Glauben. Wie oft geht es mir wie Judas. Eben schien mein Glauben noch fest und klar, und plötzlich ist nichts mehr wie es war. Ich würde mich gerne abwenden von Jesus.

Als Jesus einen Tag später nach Jerusalem einzog jubelten ihm die Menschen zu. Hosianna! Ich stelle mir das ein Wenig so vor, wie die Fanmeilen im letzten Sommer während der WM. Auch wer kein Fußballfan war, wurde vom allgemeinen Taumel mitgerissen.

Stellen Sie sich vor, da reitet Ihr Idol auf einem Esel daher. Nicht auf einem roten Teppich schreitet er. Ich denke, das wirkte reichlich skurril. Vermutlich haben nicht einmal alle gewusst, warum sie diesem Mann auf diesem einfachen Esel eigentlich zujubelten. Diese Menschen wurden gezogen vom Sog der Begeisterung. Da ist einer der kommt ganz bescheiden auf einem Esel, macht nicht viel Aufhebens um seine Person. So einen muss man doch mögen, auch wenn man die Positionen, die er vertritt nicht ganz versteht.

Diese einfachen Leute auf der Straße haben vielleicht mehr von Jesus verstanden, als mancher Schriftgelehrte. Manchmal denke ich, dass uns die Weisheit der Kinder viel lehren kann. Sie gehen an Erlebtes und Erlerntes nicht vorbelastet mit Urteilen. Sie nehmen vorbehaltlos hin, sozusagen unverfälscht und nicht überfrachtet mit Wissen. Adrian Plass erzählt in seinem Buch „Stürmische Zeiten“ eine anrührende Geschichte über seine Tochter Katy. Sie war noch klein, als er mit ihr eine Kirche besuchte. Sie untersuchte mit Blicken eine Skulptur, die Maria mit dem Leichnam Jesu auf dem Schoß darstellte. Sie fragte, weshalb Jesus sowohl Löcher in den Händen als auch in den Füßen hatte. Als ihr Vater ihr mit kindgerechten Worten erklärt hatte, welches Leid Jesus zugefügt worden war, ging sie zu der Skulptur und umschlang Jesus mit ihren Armen und legte ihr Gesicht auf seine Knie. Wäre es nicht schön die Welt mit den Augen der Kinder zu sehen – nicht immer aber immer wieder.

Ja, die Schriftgelehrten für sie stellte Jesus eine Gefahr dar. Er war jemand, der an ihrer Autorität kratzte ihr Ansehen in Gefahr brachte. Deshalb überlegten sie, wie sie Jesus aus dem Weg schaffen könnten. Aber diese jubelnden Massen... Unauffällig beseitigen, daran war in dieser Situation nicht zu denken. Daher waren sich die Schriftgelehrten schnell klar darüber, dass man die Tür zu Jesus nur mit Geld öffnen konnte. Und siehe gegen ein Bisschen „Cash“ erklärte sich Judas Ischariot bereit, Jesus den Häschern in die Hände zu spielen. Den Verrat zu erkaufen war nicht einmal allzu teuer.

Zuweilen steckt in mir auch ein Stück Judas Ischariot. Es gibt Situationen, in denen ich genau spüre, dass es jetzt angebracht wäre zu meinem Glauben zu stehen und ihn ehrlich zu bekennen. Und dann kneife ich, weil mir der Preis zu hoch erscheint. Ein Bekenntnis zum Glauben gibt immer ein Stück des Selbst preis. Und dort wird man angreifbar. Das wäre der Preis der zu zahlen ist. Um ihn zu sparen, verrate ich meine Überzeugung und zahle hinterher mit meinem schlechten Gewissen.

Und trotzdem traut auch Judas Ischariot sich an einen Tisch mit Jesus um das Passahmahl mit ihm zu feiern. Jesus weiß, dass sein Verräter mit am Tisch sitzt und sagt dies auch, er verbannt den Schuldigen aber nicht und stellt ihn auch nicht vor den andren bloß. Stattdessen hält er das erste Abendmahl der Geschichte

Nach dem Mahl nahm Jesus seine Jünger mit zu einem Gang in den Garten Gethsemane. Während er alleine Beten möchte, bittet er Petrus, Jakobus und Johannes Wache zu halten. Doch die Jünger, so guten Willens sie auch sein mögen, werden vom Schlaf übermannt. Während sie schlummern bittet Jesus seinen himmlischen Vater, er möge den Kelch von ihm nehmen um gleichzeitig zu versichern, dass er sein Schicksal tragen werde, wie Gott es für ihn vorgesehen hat. Jesus betet: „Nicht mein Wille geschehe, sondern was du willst.“

Ich bitte dich Vater gib auch mir die Kraft, zu sagen Dein Wille geschehe. Oft habe ich nicht den Mut Dir das Feld zu überlassen.

Der Garten Gethsemane, Ort von Jesu Verhaftung. Judas, von den Priestern und Schriftgelehrten ordentlich entlohnt, verrät Jesus mit einem Kuss. Jesus wird mit einer der intimsten Zuneigungsbezeugungen verraten die es zwischen Menschen geben kann. Das ist bittere Ironie.

Jesus wurde verhaftet, gequält und seine Peiniger spotteten seiner.

Aber Jesus hat eine Fürsprecherin mit der niemand gerechnet hat: die Frau des Pilatus. Ihr Name war, so weiß man von den römischen Schreibern Claudia Procula. Als Pilatus über Jesus zu Gericht sitzt, lässt sie ihrem Mann eine Nachricht übermitteln, er solle Jesus frei lassen. Sie habe einen Traum erlebt, indem ihr offenbart wurde, dass Jesus ein Gerechter sei. Leider haben die jüdischen Priester und Schriftgelehrten mehr Einfluss auf den nun zögernden Pilatus als die Nachricht seiner aufgewühlten Frau. Grundsätzlich hätte er ja nichts dagegen diesen Jesus frei zu lassen. Er glaubt eigentlich nicht, dass von ihm irgendeine Gefahr droht. Aber damit zöge er sich die Missbilligung der geistlichen Führer der Juden zu. Pilatus drückt sich um die Entscheidung, er fragt die Menge. Und der von den Priestern aufgestachelte Mob fordert wider Erwarten Jesu´ Kopf. Und Pilatus ist zu schwach um sich gegen diese pöbelnde Menge durchzusetzen.

Claudia hat ihr Ziel Jesus zu retten nicht erreicht, aber sie hat sich in der Stunde als alle sich von Jesus abwandten zu ihm bekannt, obgleich sie nach damaligem Verständnis eine Heidin war.

Einer war ganz sicher von den Ereignissen überrascht. Dieser eine war Barrabas.

Immer zum Passahfest wurde ein Gefangener begnadigt. Barrabas war wegen schwerwiegender Verbrechen verhaftet und ins Gefängnis gekommen unter anderem wurde ihm auch ein Mord vorgeworfen. Er durfte Barrabas bestimmt nicht mit seiner Freilassung rechnen und war ganz sicher sehr überrascht, als die Menge forderte ihn freizulassen. Die Hohepriester und Schriftgelehrten hatten im Vorfeld in der Menge dafür gesorgt, dass die Stimmung gegen Jesus umschlug. Und sie hatten den Namen des Barrabas als möglichen Kandidaten für die Begnadigung ins Spiel gebracht. Kurz sie hatten die Menge gegen Jesus aufgewiegelt.

Wie Barrabas sich gefühlt haben mag, als er erkannte, dass Jesus für ihn da am Kreuz hängt.

Vermutlich genau so fassungslos und erstaunt wie ich mich fühle, wenn ich erkenne welch ein Opfer für mich, für dich, für Sie und für dich von Jesus gebracht wurde.

Bilder der Weihnacht (angelehnt an CD von Clemens Bittlinger)

„Bilder der Weihnacht“ Clemens Bittlinger nannte eine wunderschöne CD so. Diese CD hat mich zu dieser Predigt angeregt

Mir geht es so, dass ich Jahr für Jahr seit ich den Kinderschuhen entwachsen bin, den Zauber vergangener Weihnachtsfeste suche. Ich kann ihn nicht mehr finden.

Er ist untergegangen in der Hektik vor dem Fest und im süßlich-bunten Kitsch der Vorweihnachtszeit. Grundsätzlich habe ich nichts gegen Kitsch. Ich sammle mittlerweile leidenschaftlich kitschige Engel und freue mich an ihnen. Aber wie überall ist auch hier das rechte Maß gefragt.

Vor zwei Jahren habe ich dann das Konzert gehört „Bilder der Weihnacht“ und plötzlich war es wieder da, das Gefühl einer Adventszeit voller Geheimnisse und Wunder. Begleiten Sie mich auf einer kleinen Reise durch die Weihnachtsgeschichte und staunen sie mit mir über das Wunder der Weihnacht.

Beginnen wir bei Maria:

Ist es nicht ein Wunder, dass Gott ausgerechnet Maria zur Mutter seines Sohnes erwählt. Eine ganz gewöhnliche, junge Frau. Nichts zeichnet sie aus. Sie ist gläubig und entspricht dem Bild der Frauen ihrer Zeit. Und doch hat sie etwas Besonderes. Obwohl die Schwangerschaft ihr soziales und gesellschaftliches Ansehen gefährdet, bäumt sie sich nicht auf. Maria war sicher voller Angst, aber auch voller Gottvertrauen. Sie nahm hin, wofür Gott sie ausersehen hatte. Sie gab dem Kind in sich Raum. Das erste Wunder der Weihnacht. Manchmal können wir uns auch fühlen wie Maria, nichts Besonderes, ein ganz normaler Mensch und doch hat Gott jedem von uns Gaben gegeben, die ihn besonders machen. Wir können die Stille im Advent nutzen in uns zu spüren, wo unsere Besonderheiten liegen.

Doch auch Joseph hat an der Entscheidung Gottes zu knabbern, dass ausgerechnet seine Verlobte Maria das Kind Gottes zur Welt bringen soll. Hoppla! da wird Joseph ohne eigenes Zutun zum Vater. Da braucht es schon einen Engel der ihm ins Gewissen redet, denn eigentlich hätte er sich viel lieber aus der Verantwortung stehlen wollen.

Gegen alle eigene Vernunft: Joseph bleibt bei Maria, auch wenn er eigentlich nicht versteht, was da genau geschieht. Wir müssen nicht immer verstehen, was Gott von uns möchte, wenn wir am Beginn einer Entwicklung stehen. Manchmal fordert Gott von uns einfach zu vertrauen und anzunehmen

So hat Gott dafür gesorgt, dass Jesus in eine intakte Familie hineingeboren werden konnte. Aber bei der Auswahl des Wochenbettes hat er einen sehr merkwürdigen Humor bewiesen:

Der Erlöser und Retter der Welt kommt nicht etwa hochherrschaftlich in einem bequemen, warmen, hygienisch unbedenklichen Bett zur Welt, nein in der improvisierten Unterkunft in einem Stall. Fernab aller Bequemlichkeit, richtig armselig.

Clemens Bittlinger schreibt dazu: „...vielleicht ist das ein Teil des Geheimnisses um Weihnachten: je fetter, je prunkvoller und je reicher wir es gestalten und ausschmücken wollen, desto ärmer wird es, und je behutsamer, stiller und aufmerksamer wir das scheinbar Armselige beachten, desto reicher wird es, das Weihnachtsfest.“ Jesus kam in einem Stall zur Welt, nicht in einem Palast.

Jesus, a apropos Jesus, über ihn will ich heute nicht viele Worte verlieren, aber mutet es nicht an wie feine Ironie, wenn wir im Psalm 24 beten: „Wer ist der König der Ehre? Es ist der Herr stark und mächtig, der Herr mächtig im Streit“ und da liegt ein hilfloses, schreiendes Kind in der Krippe und soll der waffenbewehrten Welt sie Stirn bieten.

Doch schauen wir uns um, im Stall und drum herum. Wer sind die ersten Zeugen der Geburt des Herrn? Die drei Weisen treffen erst mit einiger Verspätung gegenüber den Hirten ein. Die ersten die die Geburt des Jesus wahrnehmen sind die Hirten. Einfache, fahrende Leute. Sie wollen sich gerade zur Ruhe begeben, als sie spüren, dass etwas ganz Besonderes ist in dieser mondhellen Nacht. Die Tiere sind unruhig und die Hirten hoffen, dass nichts passiert, was ihnen Ärger für die Herden beschert. Und dann geschieht etwas ganz anderes als sie vermuteten. Nichts Böses, nicht Schlimmes. Aber etwas Erstaunliches: der Engel erscheint und verkündet ihnen, sie brauchten keine Angst zu haben: „Fürchtet euch nicht. Ich verkünde euch große Freude." Es sind nicht die Mächtigen und Reichen der Welt, die die große Freude zuerst erfahren. Es sind die ganz einfachen Leute Es braucht keiner besonderen gesellschaftlichen Stellung keines Reichtums und keiner Machtposition um von Gottes großer Herrlichkeit zu erfahren. Wir, jeder einzelne uns, darf von Gott etwas erwarten, jenseits aller menschlichen Wertkriterien, egal ob wir am Rande stehen, wie die Hirten, oder mittendrin im vollen Leben.

Und wer war noch da, als Jesus geboren wurde. Ein Esel und ein Ochs und auf den Weiden eine ganze Menge Schafe. Nicht eben die Geburtshelfer, die man sich so wünscht als werdende Mutter. Ausgerechnet Esel, Ochse und Schafe, wenn sie nicht als dumm bezeichnet werden, so doch zumindest als einfältig. Und genau diese Tiere begrüßten Gottes Sohn auf dieser Welt als erstes. Ochse und Esel wärmen ihn mit ihrem Atem und ihrer Anwesenheit. Und erst die Unruhe der Schafherden lässt die Hirten richtig aufmerksam werden. Sonst hätten diese womöglich die Botschaft des Engels verschlafen.

Die Tiere waren die ersten, die die Weihnachtsbotschaft vernahmen. Merkwürdig, was sich dieser Gott so ausdenkt.

Dann war da noch der Stern, er wies den Weg. Und obwohl die Hirten und die drei Weisen den Blick gen Himmel richten mussten um den Weg zu finden, stolperten sie nicht.

Der Stern hat viele Geheimnisse, wenn man in einen Sternenhimmel schaut ist man eingebettet in die Ewigkeit und Unendlichkeit. Der Stern ist Symbol für Licht, warm und hell und doch un(be)greifbar. Aber er weist uns den Weg.

Ich möchte nochmals Clemens Bittlinger zitieren: „Geh los, den Himmel im Blick, und suche mich, dann wirst du wieder träumen, ..., und dann wirst du auch das Kind finden und einen unscheinbaren Stall, als genau den Ort entdecken, in dem es ...geboren wird.“

Und genau das haben die Weisen getan, sie nahmen den Himmel in den Blick und folgten dem Stern. Sie kamen gemessen an den Hirten natürlich mit deutlicher Verspätung. Aber sie kamen und brachten Geschenke mit. Und sie waren die ersten, die wohl begriffen hatten, wer da im Stall liegt und weint. Irgendwie scheinen sie der einzige angemessene Besuch im Stall gewesen zu sein.

Leider spielt einer eine sehr unrühmliche Rolle in der Weihnachtsgeschichte: Herodes, mächtig und machttrunken. Er hat Angst seine Macht zu verlieren – an ein Kind gerade geboren. Rücksichtslos räumt er alle aus dem Weg, von denen er glaubt, dass sie ihm ans Zeug flicken könnten. Dieser Herodes will Weihnachten kaputt machen. Um den Zauber der Weihnacht zu erfahren dürfen wir dem Herodes in uns keinen Raum geben.

Das Fest der Liebe bietet so viele Geheimnisse jenseits aller Klischees. Ich wünsche Ihnen, dass einige freie Minuten haben, diesen Geheimnissen nachzuspüren. Den Blick in den Himmel zu schicken, den Stern zu suchen. Und dem Kind in sich Raum zu geben wie Maria. Dann können sie in kleinen Dingen die Geheimnisse erkennen und in scheinbaren Nebensächlichkeiten die Wunder erkennen. Die Wunder die Gott in der Weihnachtsgeschichte tat und die Wunder, die er an uns tut. Nehmen Sie sich die Zeit und genießen Sie.

Verwendete Literatur

- Claudius Rosenthal, Matthias Schreiber, Führungskräfte der Bibel, SCM Hänssler, 2009
- Ernst Modersohn, Die Frauen der Bibel, Hänssler, 1982
- Priska, Junia & Co, Ulrich Wendel, Brunnen, 2003
- Margot Käßmann, Mütter der Bibel, Herder, 2010

Verwendete CDs

- Clemens Bittlinger, Bilder der Passion, CD, Sanna Sound, Vertr. Kreuz Verlag, 2006
- Clemens Bittlinger, Bilder der Weihnacht, CD, Kreuz Verlag, 2003

Printed by Books on Demand GmbH, Norderstedt / Germany